DROEMER

Über das Buch:
Sollen Unternehmen und ihre Führungskräfte Verantwortung für den Schutz der liberalen Demokratie übernehmen und sich aktiv gegen den wachsenden Rechtspopulismus stellen? Ausgehend von der Einsicht, dass die liberale Demokratie und die soziale Marktwirtschaft in Deutschland untrennbar miteinander verbunden sind, zeigt Markus Scholz, wie die individuelle Freiheit in Gefahr gerät, wenn eine dieser Säulen ins Wanken kommt. Er argumentiert, dass die größte Bedrohung durch populistische Parteien nicht allein in ihren Programmen liegt, sondern in den Herrschaftstechniken, mit denen sie nach einer Machtübernahme zentrale Strukturen der offenen Gesellschaft schwächen. Zugleich diskutiert er, warum und unter welchen Bedingungen politisches Engagement von Unternehmen legitim und wirksam ist und wie es so gestaltet werden kann, dass gesellschaftliche Spaltungen nicht vertieft werden. Das Buch verbindet Analyse, Kritik und konkrete Handlungsvorschläge für ein verantwortungsvolles unternehmerisches Handeln.

Über den Autor:
Markus Scholz ist Professor für Responsible Management an der Technischen Universität Dresden. In seiner Forschung befasst er sich vor allem mit Innovation und Transformation, strategischem Management sowie Wirtschaftsethik. Er berät zahlreiche Unternehmen und Nichtregierungsorganisationen. Als gefragter Experte war er bereits in führenden Medien wie ARD, ARTE, *Der Standard, Die Presse, FAZ, Forbes, Handelsblatt, NZZ,* ORF, *DER SPIEGEL, Wirtschaftswoche* und *DIE ZEIT* präsent.

Prof. Dr. Markus Scholz

WIRTSCHAFT MIT WERTEN

Warum Unternehmen Verantwortung übernehmen müssen

DROEMER

Besuchen Sie uns im Internet:
www.droemer-knaur.de

MIX
Papier | Fördert gute Waldnutzung
FSC® C014496
www.fsc.org

Originalausgabe November 2025

Ein Imprint der Verlagsgruppe Droemer Knaur GmbH & Co. KG
Landsberger Straße 346, 80687 München

Redaktion: Jürgen Bolz
Covergestaltung: zero-media.net, München
Satz und Layout: Adobe InDesign im Verlag
Druck und Bindung: GGP Media GmbH, Pößneck
ISBN 978-3-426-56342-7

Kontaktadresse nach EU-Produktsicherheitsverordnung:
produktsicherheit@droemer-knaur.de

2 4 5 3 1

Für Nathan, in der Zuversicht,
dass er in einer offenen Gesellschaft
aufwachsen kann.

Inhalt

Einleitung

Die Familie Dahl züchtet und verkauft Erdbeeren. Zuerst in der mecklenburgischen Provinz, nach der durch den Weltkrieg bedingten Flucht in Ostholstein. Im Zuge der Wende kam die Konkurrenz billigerer Erdbeeren aus Polen auf. Um den Hof nicht schließen zu müssen, planten die Nachkommen des Unternehmensgründers Karl Dahl den Direktverkauf ihrer Erdbeeren. Vor allem in Ost- und Norddeutschland tauchen im Frühjahr und Sommer die Verkaufswagen von »Karls Erdbeerhof« an vielen Bahnhöfen und Straßen auf. Die Dahls bauen neben den Erdbeeren nicht nur viele andere regionale Lebensmittel an, sondern betreiben auch mehrere Freizeitparks unter anderem in Mecklenburg-Vorpommern, Schleswig-Holstein, Sachsen, Sachsen-Anhalt und Brandenburg. In diesen sogenannten Erlebnis-Dörfern findet man Hofläden, Manufakturen und Fahrgeschäfte.

An den Eingängen von jedem »Karls Erlebnis-Dorf« hängt ein Schild mit einer Botschaft: »Ausländer-Feinde müssen leider draußen bleiben.« Das Schild ist von Robert Dahl, dem Geschäftsführer des Unternehmens, persönlich unterschrieben.[1]

Damit bezieht Dahl eine politische Haltung, positioniert sich klar an der Seite seiner ausländischen Mitarbeiter – und zumindest implizit auch gegen rechtspopulistische und rechtsextreme Kräfte in Deutschland.

Der Unternehmer Dahl ist mit diesem politischen Engagement nicht allein. Nachdem sich in Deutschland mit der Alternative für Deutschland (AfD) eine politische Kraft mit eindeutig rechtspopulistischem und womöglich rechtsextremem Charakter etabliert hat, engagieren sich zahlreiche Managerinnen und Unternehmerinnen politisch gegen Rechtspopulismus, Extremismus und für die Resilienz der liberalen Demokratie.

Als die AfD-Parteichefin Alice Weidel bei einer Debatte im Deutschen Bundestag im Mai 2018 mit ihrer Rede von »Kopftuchmädchen, alimentierten Messermännern und sonstigen Taugenichtsen« provozierte[2], meldete sich der damalige Siemens-CEO Joe Kaeser auf Twitter (heute: X) zu Wort: »Lieber Kopftuch-Mädel als Bund Deutscher Mädel. Frau Weidel schadet mit ihrem Nationalismus dem Ansehen unseres Landes in der Welt. Da, wo die Haupt-Quelle des deutschen Wohlstands liegt.«[3]

Durch die Enthüllungen des Recherchenetzwerks Correctiv im Januar 2024, das die sogenannten Remigrationspläne rechtspopulistischer und rechtsextremer Akteure publik gemacht hat, und die daraufhin einsetzenden breiten zivilgesellschaftlichen Proteste in Form von großen Demonstrationen und Kundgebungen mit Hunderttausenden von Teilnehmern hat sich das politische Engagement zahlreicher Unternehmen weiter intensiviert.

Prominent äußerte sich beispielsweise Christian Sewing, Vorstandsvorsitzender der Deutschen Bank, und warnte vor den Gefahren, die vom Rechtspopulismus für den Wirtschaftsstandort Deutschland ausgehen: »Rechtspopulisten und -extremisten spalten nicht nur die Gesellschaft, ihre Konzepte führen auch direkt in den wirtschaftlichen Abstieg.«[4] Der bekannte Schraubenhersteller und Selfmade-

Milliardär Reinhold Würth schreibt vor diesem Hintergrund offene Briefe an seine über 80 000 Mitarbeiter und fordert sie auf, die AfD nicht zu wählen.

Noch weiter geht der Vorstandsvorsitzende von Bertelsmann, Thomas Rabe – er legt Mitarbeitern, die die AfD unterstützen, ein Nachdenken über eine Kündigung nahe.[5] Überall im Land formieren sich zudem von Unternehmen getragene kollektive Kampagnen wie etwa »Wirtschaft für ein weltoffenes Deutschland«, die sich für Offenheit und Toleranz einsetzen.

Das politische Engagement von Unternehmen und ihren Führungskräften gegen Rechtspopulismus und für den Schutz der offenen Gesellschaft in Deutschland und anderswo geschieht zu einer Zeit erheblicher politischer Verwerfungen.

Vor nur etwas mehr als 25 Jahren, zum Ende der 1990er-Jahre, herrschte in den westlichen Industrieländern eine beinahe euphorische Zuversicht, verbunden mit mehr als nur als einer Spur Triumphalismus. Es schien, als hätten sich die Ideale der Aufklärung und des Liberalismus, verkörpert in der Kombination aus liberaler Demokratie und – mehr oder weniger sozial geprägten – marktwirtschaftlichen Ordnungen endgültig durchgesetzt.

Der an der Stanford University lehrende Politikwissenschaftler Francis Fukuyama sprach in diesem Zusammenhang vom »Ende der Geschichte« – also von jenem Punkt, an dem sich das vermeintlich beste aller politischen Systeme dauerhaft etabliert habe. Die offene Gesellschaft erschien nicht nur als normativ überlegen, sondern auch als historisch alternativlos.

Heute, zum Beginn des zweiten Viertels des 21. Jahrhunderts, nur knapp achtzig Jahre nach dem Zusammenbruch des Nationalsozialismus und nur drei Jahrzehnte nach dem Fall der Berliner Mauer, zeigt sich die globale politische Landschaft in einem krassen Wandel.

Die am Ende des 20. Jahrhunderts vorherrschende historische Hoffnung auf eine weltweite Verbreitung der liberalen Demokratie ist weitgehend verflogen. Stattdessen lässt sich eine gegenläufige Entwicklung beobachten: Liberale Demokratien befinden sich weltweit in Rückzugsgefechten, während autokratische Strömungen zunehmend die gesellschaftliche und politische Wirklichkeit prägen.[6]

In der Europäischen Union zeigten die Brüder Jarosław und Lech Kaczyński in Polen und heute insbesondere Viktor Orbán in Ungarn, wie der Rückbau der offenen Gesellschaft hin zu illiberalen Systemen aussehen kann. Xi Jinping in der Volksrepublik China und Vladimir Putin in Russland reagieren ihre Länder praktisch als Alleinherrscher. In Indien transformiert Narendra Modi die größte Demokratie der Welt in einen hindu-nationalistischen Staat – die Liste der Länder, in denen die offene Gesellschaft von ihren Feinden schwer bedrängt wird, ist lang.

Am gravierendsten in diesem Zusammenhang ist der erneute Einzug Donald Trumps ins Weiße Haus. Trump regiert seit Januar 2025 zum zweiten Mal als amerikanischer Präsident die größte Volkswirtschaft und das militärisch stärkste Land der Welt. Am Beispiel seiner Präsidentschaft lassen sich die Gefahren, die von Populisten für alle Freunde der Freiheit und deshalb auch für Unternehmen ausgehen, geradezu in Reinkultur beobachten.

Wirkte Trumps politisches Handeln während seiner ersten Amtszeit (2017–2021) noch impulsiv und wenig geplant, geht er jetzt strategischer vor. Außenpolitisch untergräbt er die multilaterale politische und ökonomische Zusammenarbeit sowie das System der kollektiven Sicherheit. Unter dem Vorwand eines uneingeschränkten Volksmandats greift er im Inneren der USA die Unabhängigkeit von Justiz, Presse, Kultureinrichtungen und Wissenschaft an. Er und seine Anhänger erfinden »alternative Fakten« sowie »innere Feinde« und instrumentalisieren Sicherheitsbedenken, um ihre Macht zu sichern. Tausende Akademiker, darunter über 25 Nobelpreisträgerinnen und -träger rufen mittlerweile in einem Manifest dazu auf, sich gegen die Rückkehr des Faschismus zu stellen.[7]

Und wie verhalten sich in dieser Lage die als so mächtig gepriesenen US-Unternehmen und ihre Führungskräfte? Sie kuschen vor dem Präsidenten und den Häschern seiner (Make America Great Again) MAGA-Bewegung. Obwohl sich zahlreiche der großen und kleineren US-Unternehmen in den vorangegangenen Jahren für Diversität, Nachhaltigkeit und Menschenrechte eingesetzt haben, beerdigte das Gros dieser Unternehmen dieses Engagement nach der Machtübernahme von Trump im Handstreich.

Der Handelsriese Walmart und die Fast-Food-Kette McDonald's distanzierten sich fast umgehend nach der Wiederwahl Trumps von Projekten für Vielfalt und Gleichberechtigung, alle (!) US-amerikanischen Großbanken verließen bereits vor der Amtseinführung Trumps die führende Klimainitiative, die Net Zero Banking Alliance (NZBA), und der Facebook-Mutterkonzern Meta änderte spektakulär seine Regeln zu Faktenchecks und Hassrede: Dort ist es jetzt nicht mehr verboten, »Frauen als Eigentum oder Haushaltsinventar zu bezeichnen« oder im Zusammenhang mit Homosexualität und Transsexualität von »Geisteskrankheit oder Anomalie« zu sprechen.[8]

Eine öffentliche Kritik am amerikanischen Präsidenten und seiner Politik, wie sie von Unternehmen noch während seiner ersten Amtszeit zu hören war, ist so gut wie vollständig verstummt. Der Kotau der amerikanischen Wirtschaftselite vor Donald Trump, inklusive der Millionenspenden für dessen Inauguration, lässt bei manchen Beobachtern bereits unschöne Erinnerungen an die deutschen Industrie-Granden im Reichstagspräsidentenpalais im Februar 1933 aufkommen, die Hitler beklatschten, finanziell aufrüsteten und sich schöne Zeiten ausmalten.[9]

Aber 2025 ist nicht 1933, und die Vereinigten Staaten sind nicht Deutschland. Zwar wird auch hierzulande die liberale Demokratie durch Rechtspopulisten und Extremisten bedroht, aber dagegen regt sich erheblicher Widerstand – auch durch das politische Engagement von Unternehmen, wie ich eingangs beschrieben haben.

Das politische Engagement (nicht nur) deutscher Unternehmen ist meines Erachtens bemerkenswert und diskussionswürdig.

Jahrzehntelang galt in den Chefetagen vieler Unternehmen weitgehend unhinterfragt die Maxime des berühmt-berüchtigten Ökonomen Milton Friedman: »Die soziale Verantwortung von Unternehmen besteht darin, den Gewinn zu steigern.« (Im Original: »The social responsibility of business is to increase its profits.«) Die Übernahme einer gesellschaftlichen, vielleicht sogar politischen Verantwortung über die Gewinnmaximierung hinaus wurde bestenfalls als fragwürdiges moralisches Beiwerk verstanden – und schlimmstenfalls als Verrat an den Interessen der Anteilseigner.

Tatsächlich sollte uns das politische Engagement von Unternehmen gegen die AfD im Besonderen – sowie gegen

Rechtspopulismus und Extremismus im Allgemeinen – zu denken geben, und zwar selbst dann, wenn wir die entsprechenden Ziele grundsätzlich begrüßen.

Einerseits erscheint uns das politische Engagement von Unternehmen womöglich als notwendig und wünschenswert, weil wir selbst kritisch auf die politischen Umtriebe der Rechtspopulisten blicken und Unternehmen als Partner zur Verteidigung der liberalen Demokratie verorten. Andererseits stellt sich die grundsätzliche demokratietheoretische Frage, wie es zu rechtfertigen ist, dass Unternehmen als extrem wirkungsmächtige Akteure ihre beträchtlichen Ressourcen und ihre öffentliche Reichweite dafür nutzen, um sich aktiv gegen eine politische Partei zu positionieren, die im Rahmen demokratischer Wahlen mit allen anderen Parteien konkurriert und in Teilen Deutschlands sowie auf Bundesebene bereits zu den stärksten politischen Kräften zählt. Kurz: Was legitimiert diese Wirtschaftsakteure dazu, ihren Einfluss zur gezielten politischen Intervention zu nutzen?

Ich stelle deshalb in diesem Buch die folgende zentrale Frage: *Sollen sich Unternehmen beziehungsweise ihre Führungskräfte für den Schutz der liberalen Demokratie und gegen den um sich greifenden Rechtspopulismus engagieren?*

Um darauf eine Antwort zu finden, müssen wir uns zunächst vergegenwärtigen, was die liberale Demokratie eigentlich ist und, vor allem, wofür sie geschaffen wurde.

Ich werde deshalb im ersten Kapitel zeigen, dass die liberale Demokratie – und die soziale Marktwirtschaft, die mit ihr in einem wechselseitigen Abhängigkeitsverhältnis steht – die politische Ausprägung der Ideen der Aufklärung und des Liberalismus darstellt. Letztlich schützt, so meine hier formulierte, aber eigentlich nicht neue These, die liberale Demokratie in Verbindung mit der sozialen Marktwirtschaft die Freiheit jeder einzelnen Bürgerin und jedes einzelnen Bürgers. Wird die liberale Demokratie bedroht, gerät folglich auch diese individuelle Freiheit in Gefahr.

Im zweiten Kapitel stelle ich die Gründe vor, warum ein politisches Engagement von Unternehmen zugunsten des Schutzes der liberalen Demokratie begrüßt und gefordert werden sollte. Dabei gehe ich deutlich über die bislang von zahlreichen Wirtschaftsforschungsinstituten, Verbänden und CEOs angeführten, eher kurzfristigen instrumentellem Argumente hinaus – etwa, dass die AfD deutschen Unternehmen schaden könnte, wenn sie beispielsweise den Dexit fordert und ausländische Arbeitskräfte vergrault. Stattdessen zeige ich, dass die eigentliche Gefahr populistischer Parteien nicht nur in ihren Programmen liegt, sondern in den Herrschaftstechniken, zu denen sie aufgrund ihrer politischen Paranoia nahezu zwangsläufig greifen, sobald sie politische Macht erlangen.[10] Es ist der Gebrauch dieser Techniken, der die liberale Demokratie und mit ihr die institutionellen und ökonomischen Grundlagen, auf denen das unternehmerische Handeln in der sozialen Marktwirtschaft der Bundesrepublik seit dem Zweiten Weltkrieg beruht, untergräbt. Unternehmen können daran kein Interesse haben.

Viele Unternehmen wissen nicht, wie sie sich konkret engagieren sollen, und die politische Legitimation für dieses Engagement bleibt fragil. Im ungünstigsten Fall kann ein solches Engagement sogar unerwünschte Nebenwirkungen entfalten und gesellschaftliche Spannungen verschärfen.

Mit diesen Fragen und Risiken setze ich mich im dritten Kapitel ausführlich auseinander und mache dann im vierten Kapitel konkrete Vorschläge, wie Unternehmen ihr Engagement zugunsten der liberalen Demokratie in einer Art und Weise gestalten können, dass es gleichermaßen wirksam ist und in einem hohen Maße legitim bleibt.

Ich schließe meine Überlegungen mit einem Ausblick auf die nächste Zukunft.

Die Verantwortung von Unternehmen: Wert schaffen, Werte beschützen

Was erwarten wir von Unternehmen?

Von Unternehmen und ihrem Spitzenpersonal wird in offenen Gesellschaften eine Menge – und anscheinend immer mehr – erwartet. Für viele selbstverständlich sollen Unternehmen innovative Produkte und Dienstleistungen schaffen, die in Preis und Qualität kompetitiv sind – wir wollen tolle E-Bikes, Smartphones, Spielkonsolen, Autos und Medikamente zu erschwinglichen Preisen.

Unternehmen sollen zudem möglichst viele und attraktive Arbeitsplätze bereitstellen, Steuern zahlen und sich, das ist hoffentlich selbstverständlich, an geltende nationale und internationale Gesetze halten.

Die weit überwiegende Mehrheit der deutschen Unternehmen erfüllt diese Erwartungen ausgezeichnet. Deutsche Produkte und Dienstleistungen sind immer noch weltweit beliebt, die hiesigen Arbeitsplätze gelten im globalen Vergleich als sicher und gut bezahlt – nicht zuletzt aufgrund der Errungenschaften der betrieblichen Mitbestimmung und der Sozialpartnerschaft, einem zentralen Merkmal der sozialen Marktwirtschaft.

Unternehmen kofinanzieren zudem mittels der von ihnen entrichteten Steuern und Sozialabgaben einen weit ausgefächerten Sozialstaat, der seinen Bürgern Sicherheit sowie den Zugang zu einem vergleichsweise modernen Bildungs- und Gesundheitssystem ermöglicht, eine gute Infrastruktur bereitstellt und eine international hochgeschätzte Kulturlandschaft fördert. Deutschland ist wegen seiner starken Unternehmen eines des wohlhabendsten, sichersten und sozialsten Länder der Welt.

Unternehmen übernehmen außerdem häufig freiwillig gesellschaftliche Verantwortung und engagieren sich im weitesten Sinne sozial: Sie helfen mit Spenden aus, wo der Staat mitunter nicht genügend Mittel zur Verfügung stellt, sie unterstützen Umweltprojekte, Krankenhäuser, Kinderheime, Stadtteilprojekte, fördern Kulturinstitutionen, Hochschulen und vieles andere mehr. Dieses Engagement zeigt sich in vielfältigen Initiativen:

Die Deutsche Telekom fördert beispielsweise mit ihrer »Ich kann was!«-Initiative die digitale Teilhabe junger Menschen aus sozial benachteiligten Milieus. In der Metropolregion Rhein-Neckar, insbesondere am Standort Ludwigshafen, unterstützt BASF jährlich über 150 lokale Projekte in den Bereichen Bildung, Sport, Kultur, Soziales und Umwelt. Bosch leistet über die Robert Bosch Stiftung, eine der größten unternehmensverbundenen Stiftungen Europas, substanzielle Beiträge zum Gemeinwohl. Die Stiftung fördert Projekte in den Bereichen Bildung, Gesundheit, Völkerverständigung und demokratische Teilhabe. Ihr Engagement reicht von lokalen Bildungsprojekten bis hin zu internationalen Forschungskooperationen und strukturwirksamen Modellvorhaben. Und die Supermarktkette REWE engagiert sich in Kooperation mit dem Naturschutzbund Deutschland (NABU) in mehreren groß angelegten Umweltschutzprojekten.

All dieses Engagement ist freiwillig, geht über die jeweilig spezifische Geschäftstätigkeit hinaus und hat erklärtermaßen das Ziel, einen Beitrag zur Verbesserung der Lebensverhältnisse zu leisten. Für viele Empfänger sind diese Unterstützungen, die man auch in der Fachsprache als Corporate Philanthropy bezeichnet, überlebenswichtig, sie fördern jedenfalls die Menge und Qualität des Angebots.

Vor dem Hintergrund des Erstarkens rechtspopulistischer und rechtsextremer Strömungen in Deutschland fordern nun außerdem zahlreiche prominente Stimmen, dass sich Unternehmen darüber hinaus gegen Rechtsextremismus und Populismus sowie für den Schutz der offenen Demokratie einsetzen sollen.

Siegfried Russwurm, Präsident des Bundesverbands der Deutschen Industrie (BDI) von 2021 bis 2024, äußerte sich wiederholt und deutlich kritisch gegenüber der AfD und ruft Unternehmen dazu auf, öffentlich Stellung zu beziehen. »Eine politische Bewegung, die die Wende rückwärts zu Nationalismus beschwört, ist schädlich für dieses Land: für die Wirtschaft und für Ansehen und Erfolg Deutschlands im globalen Kontext. Wir tun gut daran, uns den Aussagen der AfD auch öffentlich deutlich entgegenzustellen: Klar zu sagen, sie zu wählen ist kein harmloser Protest, sondern das ist eine Partei, die schädlich ist für die Zukunft unseres Landes und von uns allen.«[1]

Marcel Fratzscher, der Präsident des einflussreichen Deutschen Instituts für Wirtschaftsforschung (DIW), sieht Unternehmen und ihre Vorstände ebenfalls in der Verantwortung: »Die Vorstände in den Unternehmen müssen jetzt Farbe bekennen gegen rechts (…).«[2]

Die Einschätzungen von Russwurm und Co. werden auch seitens der Wissenschaft geteilt, u. a. von den an der renommierten Universität St. Gallen lehrenden Professoren Thomas Beschorner und Thomas Hermann: »Mehr und mehr Unternehmen und Wirtschaftsverbände haben in den vergangenen Tagen klar Stellung gegen Rechtsextremismus und für Vielfalt bezogen. Das ist gut! Zugleich sind weitere Anstrengungen durch die Wirtschaft notwendig, denn es steht etwas auf dem Spiel.«[3]

Diese Aufrufe werden von zahlreichen Unternehmen begrüßt und umgesetzt – viele Unternehmen engagieren sich bereits politisch für den Schutz der offenen Gesellschaft.

»Die Evolution hat uns gelehrt: Blau ist keine gute Wahl«, ließ etwa der Handelsriese Edeka über soziale Medien und ganzseitige Zeitungsannoncen wissen. Nur wenig subtil rief das Unternehmen mit dieser Kampagne zum Wahlboykott der AfD bei den ostdeutschen Landtagswahlen im Herbst 2024 auf.

Edeka war mit dieser klaren politischen Positionierung keinesfalls allein. Für bundesweite Schlagzeilen sorgte auch der Aufruf des Evonik-Chefs Christian Kuhlmann an Manager, »authentisch und direkt« gegen rechte Umtriebe vor(zu)gehen.[4,5]

Darüber hinaus engagieren sich zahlreiche Unternehmen mittlerweile kollektiv für den Schutz der offenen Gesellschaft. In der Kampagne »Made in Germany – Made by Vielfalt« setzten über 150 führende deutsche Unternehmen ein Zeichen gegen Fremdenfeindlichkeit, Rechtspopulismus und Extremismus.

Zu den teilnehmenden Firmen gehören unter anderem Vorwerk, Dr. Oetker, Miele, Deichmann, Otto und Boehringer Ingelheim. Zudem haben sich in Deutschland einige größere wirtschaftsnahe Vereine und Organisationen gegründet, die sich offensiv für Vielfalt, Weltoffenheit und die Stärkung der liberalen Demokratie in Deutschland einsetzen.

In der Initiative »We Stand for Values« treten über dreißig namhafte deutsche Unternehmen, darunter BMW, Siemens, BASF und Mercedes-Benz, öffentlich für Demokratie, Vielfalt und Toleranz ein. Gemeinsam fordern sie ihre rund 1,7 Millionen Beschäftigten auf, ihr Wahlrecht zu nutzen, und setzen damit ein deutliches Zeichen gegen Populismus und Extremismus.

Das Bundesnetzwerk »Wirtschaft für ein weltoffenes Deutschland« versteht sich als parteipolitisch neutrales, wirtschaftliches Bündnis – von Handwerksbetrieben bis zu Großunternehmen – und setzt sich aktiv für Demokratie, Weltoffenheit und Vielfalt ein. Über 2700 Unternehmen (Stand Frühjahr 2025) bekennen sich darin gemeinsam dazu, die pluralistische Grundordnung zu verteidigen, populistische Tendenzen zu bekämpfen und Rahmenbedingungen für Innovation und Fachkräfteeinwanderung zu schaffen.[6]

Auch in den sozialen Medien engagieren sich Unternehmen: Die LinkedIn Gruppe »Unternehmen gegen rechts« hat bereits über 3000 Follower.[7]

Business and politics should never mix – oder doch?

Das in den vergangenen Jahren in Deutschland aufgekeimte politische Engagement von Unternehmen – vor allem gegen Rechtspopulismus und Extremismus – markiert, wie eingangs schon angesprochen, eine bemerkenswerte Zäsur. Über Jahrzehnte hinweg dominierte in den Führungsetagen deutscher wie internationaler Unternehmen die Maxime: »Business and politics should never mix.«[8] Forderungen nach gesellschaftlicher oder sogar politischer Verantwortung wurden lange mit Verweis auf die Doktrin des US-amerikanischen Ökonomen Milton Friedman abgewehrt, dessen Credo lautete: Die einzige gesellschaftliche

Verantwortung eines Unternehmens bestehe darin, Profite zu maximieren – »the only social responsibility of business is to increase its profits«.[9]

Vor diesem Hintergrund erscheint das in den vergangenen Jahren verstärkte politische Engagement von Unternehmen überraschend – ebenso überraschend ist die bislang weitgehend unkritische öffentliche Reaktion darauf. In nahezu allen deutschen Leitmedien wird das politische Auftreten von Unternehmen entweder positiv bewertet oder gar nicht erst problematisiert. Selbst traditionell wirtschaftsliberal positionierte Medien wie das *Handelsblatt*, das sich in wirtschaftspolitischen Fragen um Neutralität bemüht, zeigen hier Zustimmung. Stellvertretend für diesen Tenor steht ein Kommentar des ehemaligen Chefs vom Dienst beim *Handelsblatt*, Sven Prange, der das politische Engagement von CEOs als Ausdruck ökonomischer Vernunft und gesellschaftlicher Verantwortung rühmt und das er noch verstärkt sehen will: »Schluss mit politischer Abstinenz, liebe Manager! Der Mensch des Jahres 2023 steht jetzt schon fest: Es ist der politische CEO. Doch dafür müssen Deutschlands Managerinnen und Manager noch an sich arbeiten.«[10]

Ist diese Euphorie berechtigt? In den Vereinigten Staaten lässt sich derzeit gut beobachten, welche demokratietheoretischen Spannungen entstehen, wenn Manager und Unternehmen ihre ökonomische Macht mit einer politischen Agenda verknüpfen: Die Unternehmer und Multimilliardäre Chamath Palihapitiya, Peter Thiel und vor allem natürlich Elon Musk nutzten ihre Vermögen, ihre Bekanntheit und nicht zuletzt ihre Social-Media-Plattformen, um die Wiederwahl Donald Trumps aktiv zu unterstützen. Das Ergebnis ist bekannt.

Wenn sich deutsche Unternehmer und Manager politisch gegen Rechtspopulismus und Extremismus – und konkret gegen die Alternative für Deutschland – positionieren, bedarf dieses Engagement einer sorgfältigen Begründung. Persönliche Überzeugungen oder moralische Intuitionen allein reichen dafür nicht aus. Im Folgenden werde ich deshalb drei Argumente darlegen, die erklären, warum ein politisches Engagement von Unternehmen zum Schutz der offenen Gesellschaft nicht nur legitim, sondern angesichts der aktuellen politischen Entwicklungen auch notwendig ist und sogar erweitert werden sollte.

Erstens zeige ich auf Grundlage des AfD-Wahlprogramms sowie gestützt auf Einschätzungen führender Wirtschaftsinstitute, dass zentrale wirtschaftspolitische Forderungen der AfD dem Standort Deutschland schaden und die Wettbewerbsfähigkeit vieler Unternehmen gefährden. Wirtschaftsführer haben also ein klares, instrumentelles Interesse daran, sich gegen die Rechtspopulisten und Extremisten zu engagieren.

Ich zeige zweitens, dass Populisten nicht nur in Deutschland – sondern überall auf der Welt – grundsätzlich durch einen moralischen Alleinvertretungsanspruch und einen paranoiden Politstil geprägt sind.[11] Es ist dieser paranoide politische Stil der Populisten, verbunden mit der daraus resultierenden Verwendung besonderer Herrschaftstechniken (die Populisten nutzen), der nicht nur die Prinzipien der sozialen Marktwirtschaft untergräbt, sondern auch die Institutionen der liberalen Demokratie beschädigt – mit dem langfristigen Risiko ihrer Aushöhlung oder gar Abschaffung. In der Konsequenz schaffen Populisten nicht nur erhebliche Unsicherheiten für Unternehmen, sondern sie bedrohen auch die Bedingungen des Wirtschaftens, wie wir es seit dem Ende des Zweiten Weltkriegs gewohnt sind. Schlimmer noch: Die Art und Weise, wie Populisten regieren, wenn sie an die Macht kommen – wir können dies gerade in den USA beobachten –, gefährdet die individuelle Freiheit aller Bürgerinnen und Bürger, und genau hierin liegt die eigentliche Gefahr, die von der AfD und grundsätzlich von allen populistischen Bewegungen ausgeht.

Vor diesem Hintergrund argumentiere ich drittens, dass Wirtschaftsführer, auch in einer funktional differenzierten Gesellschaft, genauso wenig ausschließlich ihrer beruflichen Rolle verpflichtet sind, wie Bürokraten nur Anweisungen entgegennehmen und abarbeiten.

In Deutschland ist jeder, ob einfacher Arbeitnehmer, ob Managerin, ob Unternehmerin, zugleich und vor allem Bürger bzw. Bürgerin eines republikanischen Staates mit einer liberalen Gesellschaftsordnung. Deshalb kann von jeder Person erwartet werden, dass sie sich einmischt, wenn die offene Gesellschaft in Gefahr ist. Frei nach dem liberalen Soziologen Ralf Dahrendorf (1929–2009): Bürger müssen den Mund aufmachen und sich äußern im Bewusstsein des großen Privilegs, in einer liberalen Demokratie zu leben. Es braucht wachsame Bürger, die auf der Hut sind und sich Gehör verschaffen, wenn sich eine Krise der offenen Gesellschaft abzeichnet. Ohne wehrhafte Demokraten ist eine Demokratie nicht zu machen.[12]

Aber eins nach dem andern: Bevor ich hier meine Begründungen für das politische Engagement von Unternehmen weiter entfalte, möchte ich einen der zentralen Begriffe in dieser Debatte – die »offene Gesellschaft« – etwas genauer ausleuchten. Durch die Sichtung von Interviews, Statements usw., aber auch in vielen direkten Gesprächen mit Unternehmerinnen, Managern, Studierenden und Politikerinnen habe ich den Eindruck gewonnen, dass viele augenscheinlich vergessen haben, welche Bedingungen notwendig sind, um in Freiheit wirtschaften und leben zu können.

Die offene Gesellschaft: Ein Bollwerk gegen den Totalitarismus

Spätestens nach der Kapitulation Deutschlands am 8. Mai 1945 war der Nationalsozialismus – die radikalste und menschenverachtendste Form des Rechtsextremismus – politisch am Ende. Die Deutschen standen in vielerlei Hinsicht vor einem Trümmerhaufen und zugleich am Anfang eines neuen Kapitels ihrer Geschichte. Sie mussten erkennen, dass die Führer und Anhänger der totalitären Nazi-Ideologie ihr eigenes Land und große Teile der Welt in einen Krieg gerissen hatten, der Millionen Menschenleben kostete. Schlimmer noch: Vermeintlich legitimiert durch ihre Rassenideologie, hatten die Nazis mithilfe einer industriellen Tötungsmaschinerie Millionen von Menschen in Vernichtungslagern ermordet. In einem Satz: 1945 war Deutschland ökonomisch, politisch und moralisch bankrott.

Mit dem Untergang des NS-Regimes war in Europa auch jedwede Form von Rechtsextremismus und Faschismus – zumindest ganz überwiegend und für eine lange Zeit – diskreditiert. Unter Faschismus, dem ursprünglich als Eigenbezeichnung der italienischen Rechtsextremen verwendeten Begriff, werden seitdem rechtsextreme, nationalistisch-rassistische, totalitär antiliberale Ideologien verstanden, die häufig mit einem Führerkult einhergehen.[13]

Einen ähnlichen Verfall erlebten rund 45 Jahre später die linken antiliberalen Ideologien Kommunismus und Sozialismus. Moralisch und politisch kompromittiert durch das sowjetische Repressionssystem – insbesondere durch die

Millionen Gulag-Toten –, durch die militärische Niederschlagung der politischen Opposition in Polen, Ungarn, der Tschechoslowakei und der DDR, aufgrund der fast vollständigen Unterdrückung der Meinungsfreiheit sowie nicht zuletzt wegen des ökonomischen Niedergangs der sozialistischen Volkswirtschaften Osteuropas waren auch diese Ideologien nur noch für wenige anschlussfähig.

In Deutschland und in vielen Staaten Westeuropas hatte schon unmittelbar nach dem Ende des Zweiten Weltkriegs der Wiederaufbau der Demokratie eingesetzt, häufig verbunden mit dem System einer mehr oder weniger ausgeprägten sozialen Marktwirtschaft. Diese Demokratisierung in Politik, Wirtschaft und Gesellschaft setzte sich Mitte der 1970er-Jahre auch in Spanien, Portugal und Griechenland und schließlich Ende der 1980er-, Anfang der 1990er-Jahre in Osteuropa erfolgreich durch.

Das Erbe der Aufklärung

Ideengeschichtlich stehen die liberale Demokratie sowie die Vorstellung von und das Streben nach einer offenen Gesellschaft in der Tradition der Aufklärung und des politischen Liberalismus. Bevor sich die damit verbundenen Ideale durchsetzten, lebten die meisten Menschen in Europa in einem Gefüge aus Ständegesellschaft, obrigkeitlicher Kontrolle und religiöser Dogmatik, das individuelle Freiheit weitgehend unterdrückte. Die Geburt bestimmte den Lebensweg, soziale Mobilität war selten und auch meist unerwünscht, Untertanentreue galt als hohe Tugend, Kritik an den Herrschenden als Aufruhr. Die Kirche beanspruchte

Deutungshoheit über das Denken, Zensur war allgegenwärtig. Bildung war ein Privileg der Eliten, politische Mitbestimmung weitgehend unbekannt. Wer sich der Autorität widersetzte – sei es weltlicher oder geistlicher Natur –, riskierte Ächtung, Kerker oder Schlimmeres. In dieser vormodernen Ordnung waren Menschen in ein dichtes Netz aus Pflichten, Zwängen und unhinterfragten Wahrheiten eingesponnen. Erst mit der Aufklärung begann sich langsam ein neues Verständnis vom Individuum, von Vernunft und von Freiheit zu formieren. Ein epochaler Aufbruch, der die Grundlage für unsere heutigen demokratischen und liberalen Ordnungen legte.[14]

Diese Reise begann bereits im 17. und 18. Jahrhundert, als zahlreiche Intellektuelle – überwiegend, aber nicht ausschließlich in Deutschland (insbesondere Christian Wolff, Moses Mendelssohn, Gotthold Ephraim Lessing und Immanuel Kant), in Frankreich (insbesondere Voltaire, Jean-Baptiste le Rond d'Alembert, Denis Diderot und Baron de Montesquieu) sowie in England und Schottland (John Locke, David Hume, Adam Smith und Jeremy Bentham) – weitgehend unabhängig voneinander an einem Projekt arbeiteten, das Immanuel Kant als den »Ausgang des Menschen aus seiner selbstverschuldeten Unmündigkeit« beschreibt.[15]

Die wissenschaftlichen Revolutionen des 16. und 17. Jahrhunderts, getragen von den bahnbrechenden Arbeiten Nikolaus Kopernikus', Johannes Keplers und Galileo Galileis sowie den physikalischen Erkenntnissen Isaac Newtons, leiteten den tiefgreifenden Wandel vom geozentrischen zum heliozentrischen Weltbild ein. Dies führte zur ersten von Sigmund Freud später so genannten »Kränkung der Menschheit« und bereitete den Boden für eine Umwälzung der Erkenntnistheorie, der Naturwissenschaften und letztlich auch der Gesellschaftstheorie. Die Aufklärung war eng mit dem Anspruch verbunden, durch die Kraft der menschlichen Vernunft Irrationalität, Dogmatismus und Autoritarismus zu überwinden.

Philosophisch gestützt war dieses Projekt auf den Rationalismus (vor allem René Descartes, Baruch de Spinoza und Gottfried Wilhelm Leibniz) sowie auf den Empirismus (Francis Bacon, John Locke und später Isaac Newton), deren Auseinandersetzung mit Erkenntnisgrenzen und -möglichkeiten die erkenntnistheoretische Grundlage der Aufklärung bildete.[16]

Diese Denker forderten dazu auf, den eigenen Verstand ohne Anleitung durch Autoritäten zu nutzen[17] – falls die Menschen von dieser Möglichkeit nicht Gebrauch machten, würde ihre fortdauernde Unmündigkeit selbstverschuldet sein. Damit verbunden war die Kritik an überkommenen Hierarchien, insbesondere an der Vormachtstellung von Kirche und Klerus, aber auch am monarchischen Absolutismus in Staat und Gesellschaft.

In der politischen Philosophie übersetzte sich diese intellektuelle Bewegung in eine grundsätzliche Kritik an traditionellen Legitimationsgrundlagen politischer Macht – der Liberalismus war geboren.

Was alle Strömungen des Liberalismus trotz ihrer historischen und theoretischen Vielfalt eint, ist eine spezifisch moderne Vorstellung vom Verhältnis zwischen Individuum und Gesellschaft. In den Worten des britischen Philosophen John Gray lässt sich der Liberalismus als eine Tradition verstehen, die vier Grundannahmen teilt: Erstens ist er *individualistisch*, insofern er dem einzelnen Menschen einen moralischen Vorrang gegenüber den Ansprüchen kollektiver Strukturen zuschreibt. Zweitens ist er *egalitär*, da er allen Menschen denselben moralischen Status zuerkennt und rechtliche oder politische Ordnungen ablehnt, die Unterschiede im moralischen Wert von Personen zulassen. Drittens ist er *universalistisch*, weil er von einer gemeinsamen moralischen Natur der Menschheit ausgeht und partikularen kulturellen oder historischen Bindungen nur untergeordnete Bedeutung beimisst. Und viertens ist er *melioristisch* – also überzeugt von der Gestaltbarkeit und prinzipiellen Verbesserbarkeit sozialer Institutionen und politischer Verhältnisse. Diese gemeinsame Konzeption des Menschen und der Gesellschaft verleiht dem Liberalismus trotz aller internen Differenzen eine erkennbare und beständige Identität.[18]

Mit der Aufklärung und dem Liberalismus setzte sich nicht nur ein erkenntnistheoretischer und moralphilosophischer, sondern vor allem ein tiefgreifender politischer Wandel in Gang. Die Grundideen dieser philosophischen Programme bildeten die Grundlage der politischen Revolutionen des 17. und 18. Jahrhunderts, angefangen mit der »Glorious Revolution« in England (1688), über die Amerikanische Revolution (1775–83) bis hin zur Französischen Revolution (1789–99). In der Folge dieser Revolutionen entstanden moderne konstitutionelle und parlamentarische Demokratien, die sich durch Pluralismus, freie Wahlen, Gewaltenteilung und Rechtsstaatlichkeit auszeichnen.

Und trotzdem blieben die Aufklärung und der frühe Liberalismus mitunter ambivalente Projekte. Einerseits begründeten sie die Ideale der Menschenrechte, der Rechtsstaatlichkeit, der Gewaltenteilung und der Wissenschaftsfreiheit; andererseits wurden ihre universalistischen Ideale oft selektiv gedeutet. So schlossen viele frühe aufklärerische und liberale Diskurse Frauen, Nicht-Europäer oder sozial Benachteiligte explizit oder implizit aus. Kritiker wie Michel Foucault, Theodor W. Adorno und Max Horkheimer warfen der Aufklärung vor, in ihrer Instrumentalisierung zur Legitimation von Kolonialismus oder Totalitarismus beigetragen zu haben.[19,20] Dennoch bleibt ihr normatives Erbe für die Verteidigung liberaler Demokratien gegen autokratische Ideen zentral.

Liberale Demokratie und offene Gesellschaft: Schutz gegen die Unfreiheit

Freiheit bleibt bedroht, wenn sie nicht durch einklagbare Rechte geschützt ist; Gleichheit bleibt eine Fiktion, wenn sie nicht rechtlich und politisch garantiert wird. Die zentralen Ideen der Aufklärung und des Liberalismus – Individualismus, Vernunft, Freiheit, Gleichheit, Universalismus, Toleranz und Meliorismus (die Überzeugung, dass politische und soziale Verhältnisse verbessert werden können)[21] – bedürfen einer politischen Ordnung, die diese Errungenschaften institutionell absichert. Diese Ordnung ist, in ihrer historisch gewachsenen, aber keineswegs selbstverständlichen Form, die liberale Demokratie. Im Jahr 2025 sind die meisten europäischen Staaten (noch?) als liberale Demokratien organisiert[22] – trotz mancher Rückschläge, Erosionsprozesse und illiberaler Versuchungen, wie wir sie mittlerweile auch in einigen Mitgliedsländern der Europäischen Union am Werk sehen.

Liberale Demokratien beruhen auf einem anspruchsvollen Zusammenspiel von normativen und institutionellen

Prinzipien, die gemeinsam dafür sorgen, dass politische Macht begrenzt, individuelle Freiheit geschützt und gesellschaftliche Pluralität anerkannt werden. Sie stützen sich auf fünf zentrale Elemente:

1. Durch regelmäßige, freie und faire Wahlen können Bürgerinnen und Bürger ihre politische Repräsentanz bestimmen und politische Macht legitimieren. Dieser Mechanismus bildet den Kern demokratischer Selbstregierung.
2. Die Herrschaft des Rechts (Rechtsstaatlichkeit) sichert nicht nur Verfahren und ermöglicht Vorhersehbarkeit, sondern sie schützt zugleich vor willkürlicher Machtausübung – auch durch die demokratisch gewählten Regierungen.
3. Eine funktionale Gewaltenteilung verhindert eine unkontrollierte Machtakkumulation in einem Teil des Staates. Durch institutionalisierte »Checks and Balances« wird die Stabilität des Systems bewahrt.
4. Garantierte Grundrechte wie Meinungs-, Versammlungs- und Eigentumsfreiheit ermöglichen und schützen individuelle Autonomie. Diese Grundrechte sind auch Abwehrrechte gegenüber dem Staat.
5. Pluralismus sorgt dafür, dass unterschiedliche Überzeugungen, Interessen und Lebensentwürfe nicht nur geduldet, sondern als konstitutiv für das demokratische Gemeinwesen verstanden werden.[23]

Die hier beschriebene politische Konfiguration der liberalen Demokratie entspricht ziemlich genau der Vorstellung einer offenen Gesellschaft, wie sie der österreichisch-britische Philosoph Karl R. Popper 1945 in seiner Schrift *The*

Open Society and Its Enemies (dt.: *Die offene Gesellschaft und ihre Feinde*) beschrieb.[24] Popper wendet sich darin entschieden gegen totalitäre Staatsformen, insbesondere gegen Faschismus, Nationalsozialismus und Kommunismus, die alle durch ein gemeinsames Heilsversprechen gekennzeichnet sind: ein System der (vermeintlichen) Sicherheit auf Kosten individueller und gesellschaftlicher Freiheit.

Stattdessen entwirft Popper das Konzept einer offenen Gesellschaft, die sich grundlegend von ideologisch geschlossenen Gesellschaften unterscheidet. Diese Differenz beruht auf der institutionellen und kulturellen Förderung einer kritischen Haltung gegenüber Macht und Wahrheit. Die offene Gesellschaft wird nicht von einer vermeintlich einigenden und Ordnung verheißenden Idee beherrscht, sondern beruht auf der Erkenntnis, dass alle menschlichen Überzeugungen – auch politische – fehlbar und revidierbar sind.[25]

Diese Idee steht in enger Verbindung zu Poppers wissenschaftsphilosophischem Hauptwerk, der »Logik der Forschung«[26], in dem er die Vorläufigkeit aller Erkenntnis und die Falsifizierbarkeit wissenschaftlicher Theorien zum zentralen Kriterium rationaler Erkenntnis erhebt.

Daraus entwickelt Popper eine Philosophie der kritischen Rationalität, die auch auf die politische Ordnung übertragen werden kann: Eine offene Gesellschaft ist demnach eine, in der unterschiedliche – auch widersprüchliche – Meinungen geäußert und überprüft, aber nicht unterdrückt werden. In einer solchen Gesellschaft können vermeintlich unvereinbare Sichtweisen öffentlich diskutiert und gegensätzliche Ziele verfolgt werden. Individuen und Gruppen haben die Freiheit, Problemsituationen zu analysieren, Lösungsvorschläge zu erarbeiten und insbesondere die Vorschläge anderer zu kritisieren. Dies gilt mit besonderem Nachdruck für staatliche Autoritäten und deren politische Entscheidungen. Regierungspolitik soll nicht nur der öffentlichen Kritik ausgesetzt sein, sie soll sich idealerweise im Lichte dieser Kritik auch verändern. Ist dies nicht möglich, so muss die Bevölkerung die Regierung in angemessenen Zeitabständen gewaltfrei durch Vertreterinnen und Vertreter einer alternativen Politik ersetzen können.[27]

Damit diese Möglichkeit nicht bloß theoretisch besteht, sind gewisse institutionelle Bedingungen erforderlich. Es muss möglich sein, dass sich eine Opposition organisiert, öffentlich äußert, Zugang zu Medien hat und sich zur Wahl stellt. Wesentlich für offene Gesellschaften ist deshalb auch die verfassungsmäßig garantierte Möglichkeit, die Regierung durch regelmäßige, freie und faire Wahlen zu ersetzen. Allerdings geht Popper über eine rein prozedurale Konzeption der Demokratie hinaus. Die Existenz freier Institutionen – wie eine unabhängige Justiz, freie Medien, die Achtung von Grundrechten und Minderheitenschutz – ist unerlässlich, um die offenen Strukturen langfristig zu sichern.[28] Eine Demokratie, die sich lediglich auf Mehrheitsentscheidungen stützt, selbst abzuschaffen – etwa durch die Einführung einer autoritären Ordnung.

Popper erkennt dieses Paradox und formuliert das sogenannte »Paradoxon der Demokratie«: Die demokratische Ordnung muss sich selbst vor ihrem Missbrauch durch demokratische Mittel schützen[29]. Analog dazu formuliert Popper das »Paradoxon der Toleranz«: Eine uneingeschränkte Toleranz gegenüber intoleranten Akteuren kann letztlich zur Abschaffung der Toleranz selbst führen. Deshalb sei es notwendig, dass freiheitliche Gesellschaften nicht grenzenlos tolerant sind, sondern durch rechtsstaatliche Institutionen und eine demokratische Verfassung in der Lage sind, jene zu begrenzen, die die Grundlagen der offenen Gesellschaft zerstören wollen.[30] Obwohl Popper seine Ideen klar im Geiste des Liberalismus formuliert, vertritt er ein aufgeklärtes, nicht-dogmatisches Freiheitsverständnis. Freiheit ist nicht absolut, sondern ein Gut, das durch kluge institutionelle Rahmungen geschützt und bewahrt werden muss. Diese institutionellen Rahmenbedingungen – darunter ein effektiver Verfassungsschutz, unabhängige Gerichte, freie Medien, eine plurale Öffentlichkeit und Zivilgesellschaft – bilden das Rückgrat der offenen Gesellschaft.[31]

Liberale Demokratie und Marktwirtschaft

Ökonomisch eingebettet sind alle liberalen Demokratien in ein System marktwirtschaftlicher Ordnung, das individuelle Freiheit, rechtliche Rahmenbedingungen und wirtschaftliche Initiative miteinander verknüpft. Marktwirtschaften beruhen auf einer Reihe konstitutiver Prinzipien, die das Fundament freiheitlicher ökonomischer Ordnungen bilden.

Im Zentrum steht die Idee einer selbstverantwortlichen Bürgergesellschaft, in der wirtschaftliche Entscheidungen dezentral und eigenständig getroffen werden. Der Staat beschränkt sich auf eine ordnungs- und wettbewerbspolitische Rolle, interveniert also gezielt, aber begrenzt. Wesentliche Voraussetzung dafür ist das garantierte Privateigentum an wirtschaftlichen Ressourcen, wie Produktionsmittel, Immobilien, Kapital oder Konsumgütern. Die unternehmerische Freiheit, also die Möglichkeit, wirtschaftliche Chancen zu erkennen, Risiken einzugehen und schließlich Innovationen und Gewinne zu realisieren, bildet dabei das Herzstück marktwirtschaftlicher Dynamik. Koordiniert wird dieses dezentrale Handeln über das Zusammenspiel von Angebot und Nachfrage auf offenen Märkten. Eine weitgehend freie Preisbildung sorgt dafür, dass Knappheiten sichtbar und Ressourcen effizient zugewiesen werden. Schließlich ist die Freizügigkeit von Arbeit, Kapital, Gütern und Dienstleistungen Ausdruck des übergeordneten Prinzips ökonomischer Offenheit – nach innen wie nach außen.[32]

In normativer Hinsicht ist dieses System eng verwoben mit der politischen Idee der offenen Gesellschaft[33], deren liberale Grundorientierung nicht nur in der Sphäre des Politischen, sondern eben auch in der Logik des Ökonomischen Ausdruck findet.

Ähnlich wie die offene Gesellschaft folgt auch die Marktwirtschaft keinem vorgezeichneten Plan, keiner doktrinären Leitidee, sondern entwickelt sich, wie es der einflussreiche österreichische Ökonom Friedrich August von Hayek ausdrückte, aus »spontanen Ordnungen«, die sich im historischen Prozess von Versuch und Irrtum, von Anpassung und Kritik herausgebildet haben[34]. Die Dynamik der Marktwirtschaft speist sich aus der Vielzahl individueller Entscheidungen, deren Koordination nicht zentral erfolgt, sondern dezentral über den Preismechanismus, jenem Wunder der Information, das es erlaubt, verteiltes Wissen in marktfähige Lösungen zu überführen.[35] In dieser Ordnung ist der Wettbewerb zwischen den Wirtschaftstreibenden nicht nur ein Mittel zur Effizienzsteigerung, sondern zwingt zur Auseinandersetzung mit neuen Ideen, zur Überprüfung bestehender Praktiken und zur ständigen Erneuerung des unternehmerischen Handelns.[36].

Die Lehren aus dem Naziterror

In Deutschland stehen die Trümmerlandschaften der Städte, die der Zweite Weltkrieg hinterlassen hatte, sinnbildlich für den moralischen und politischen Bankrott einer Gesellschaft, die dem Totalitarismus – dem Gegenteil des Liberalismus – erlegen war.

Nach dem Ende des Krieges standen die Deutschen vor der grundlegenden Frage, wie eine neue staatliche Ordnung aussehen sollte. Angesichts der Erfahrungen mit Nationalsozialismus und totalitärer Herrschaft wurde intensiv um ein politisches System gerungen, das Freiheit, Sicherheit, Stabilität und irgendwann auch wieder wirtschaftliche Prosperität gewährleisten konnte. Während in der sowjetisch besetzten Zone ein sozialistisches Einparteiensystem nach sowjetischem Vorbild aufgebaut wurde, entwickelte sich in den westlichen Besatzungszonen unter Einfluss der West-Alliierten eine parlamentarische Demokratie mit föderaler Struktur. Mit der Gründung der Bundesrepublik Deutschland 1949 setzte sich schließlich ein Modell der liberalen Demokratie in Verbindung mit einer sozialen Marktwirtschaft durch, das bis heute die politische Ordnung der Bundesrepublik prägt.

Deutschlands politisches Fundament: Die freiheitlich-demokratische Grundordnung

Im Grundgesetz der Bundesrepublik Deutschland[37] ist das Bekenntnis zur parlamentarischen Demokratie unabweisbar und in aller Klarheit festgehalten. Diese Verankerung erfolgt insbesondere durch die unveräußerlichen Grundrechte sowie durch die institutionellen Vorkehrungen, welche die freiheitlich-demokratische Grundordnung absichern. Die im Grundgesetz normierten Grundrechte – insbesondere die Würde des Menschen (Art. 1 Abs. 1 GG) und die klassischen Freiheitsrechte (Art. 2–19 GG) – bilden das normative Fundament der bundesrepublikanischen Werteordnung und gelten als unverzichtbare Elemente einer offenen Gesellschaft im Sinne Karl Poppers. Diese Rechte sind nicht bloße Staatszugeständnisse, sondern konstituieren einen Abwehranspruch des Einzelnen gegen staatliche Eingriffe und zugleich eine positive Garantie auf Teilhabe, Selbstbestimmung und individuelle Entfaltung.

Diese Grundordnung ist »freiheitlich«, da sie den Einzelnen in den Mittelpunkt stellt und ihn durch staatliche Gewährleistung der Grundrechte vor jeder Form staatlicher Willkür schützt. Sie ist »demokratisch«, weil sie das Volk als Träger der Staatsgewalt anerkennt und durch ein System frei gewählter Repräsentation sowie durch weitreichende Partizipationsrechte an der politischen Gestaltung des Gemeinwesens beteiligt. Die parlamentarische Demokratie in Deutschland ist damit nicht bloß ein Verfahren zur Mehrheitsbildung, sondern Ausdruck eines durch Recht und Institutionen gesicherten politischen Ethos.[38]

Der Politikwissenschaftler Horst Pötzsch, langjähriger Chefredakteur der renommierten Zeitschrift *Informationen zur politischen Bildung*, hat die zentralen Merkmale der freiheitlich-demokratischen Grundordnung in prägnanter und systematischer Weise zusammengefasst. Zu diesen grundlegenden Prinzipien zählen:

1. das Recht des Volkes, Staatsgewalt durch Wahlen, Abstimmungen und verfassungsmäßige Organe auszuüben;
2. die Verpflichtung der Gesetzgebung auf die verfassungsmäßige Ordnung sowie die Bindung der Exekutive und der Justiz an Gesetz und Recht;
3. das Bestehen einer parlamentarischen Opposition;
4. die Möglichkeit, die Regierung abzulösen, sowie ihre Rechenschaftspflicht gegenüber dem Parlament;
5. die Unabhängigkeit der Gerichte; und
6. das Verbot jeglicher Form von Gewalt- oder Willkürherrschaft.[39]

Diese Prinzipien verkörpern nicht nur die Essenz einer offenen Gesellschaft, sondern wirken zugleich als Schutzmechanismen gegenüber autoritären Bestrebungen. Das Grundgesetz der Bundesrepublik Deutschland unterscheidet dabei explizit zwischen allgemeinen Menschenrechten und spezifischen Bürgerrechten. Während Bürgerrechte – wie etwa das aktive und passive Wahlrecht – nur den Staatsangehörigen vorbehalten sind, stehen die Menschenrechte jedem Menschen allein kraft seiner Existenz zu. Sie gelten unabhängig von Nationalität, Herkunft, Geschlecht, Religion oder Alter. Als »angeborene« oder »natürliche« Rechte sind sie Ausdruck eines überpositiven Rechtsverständnisses, das in der deutschen Verfassungstradition spätestens seit der Aufklärung tief verwurzelt ist. Hierzu zählen etwa die Menschenwürde, die Freiheit der Person, die Meinungs- und Glaubensfreiheit – Rechte, die nicht verliehen, sondern anerkannt werden und somit jedem Individuum von Rechts wegen zustehen.[40]

Deutschlands ökonomisches Herz: Die soziale Marktwirtschaft

Obwohl einige Parteien, darunter Teile der damaligen SPD, an die Vorstellungen der Kriegswirtschaft und der sozialistischen Bewegung anknüpften und mit Ideen umfassender Planung wirtschaftlicher Prozesse sowie mit einer Vergesellschaftung der Schlüsselindustrien zumindest sympathisierten, setzte sich in den westlichen Besatzungszonen und dann in der bald darauf gegründeten Bundesrepublik Deutschland das Modell der parlamentarischen Demokratie in Verbindung mit der *sozialen* Marktwirtschaft als tragende Wirtschafts- und Gesellschaftsordnung durch.

Die soziale Marktwirtschaft lässt sich als ein »Dritter Weg« zwischen kollektivistisch-planwirtschaftlicher Organisation einerseits und einem ungezügelten Marktliberalismus andererseits beschreiben. Ludwig Erhard, Bundeswirtschaftsminister der ersten Stunde und einer der maßgeblichen Architekten dieser Ordnung, brachte diese Haltung bereits 1948 auf den Punkt: »Nicht die freie Marktwirtschaft des liberalistischen Freibeutertums einer vergangenen Ära, auch nicht das ›freie Spiel der Kräfte‹, sondern die sozial verpflichtete Marktwirtschaft, die das einzelne Individuum wieder zur Geltung kommen lässt, die den Wert der Persönlichkeit obenan stellt und der Leistung aber auch den verdienten Ertrag zugutekommen lässt, das ist die Marktwirtschaft moderner Prägung.«[41]

Die soziale Marktwirtschaft war somit von Beginn an nicht nur ein ökonomisches Programm, sondern ein gesellschaftliches Projekt. Sie strebte danach, ökonomische Effizienz und soziale Gerechtigkeit, individuelle Freiheit und staatliche Rahmensetzung, Wettbewerb und Solidarität in eine Balance zu bringen. Sie wurde zum Identitätskern der westdeutschen Nachkriegsordnung und avancierte spätestens mit der Wiedervereinigung zum wirtschafts- und gesellschaftspolitischen Orientierungsrahmen des gesamten Landes.

Die Ablehnung zentralverwaltungswirtschaftlicher Konzepte resultiert aus der Erkenntnis, dass diese nicht nur zur Machtkonzentration in Händen weniger führt und damit die Freiheit der Bürger und Bürgerinnen bedroht, sondern regelmäßig mit strukturellen Informationsdefiziten und daraus folgenden gravierenden Effizienzverlusten einhergehen.[42] Woher soll der Staat schon wissen, was, wann und wie produziert werden soll? Gleichzeitig markiert die soziale Marktwirtschaft eine klare Distanz zu marktlibertären Konzeptionen, die den Staat ausschließlich als Nachtwächterinstitution begreifen. Der unregulierte Markt, so die Befürchtung, könne durch zunehmende Konzentrationsprozesse zu wirtschaftlicher Machtakkumulation führen, die nicht nur den Wettbewerb gefährdet, sondern soziale Spaltungen und Ungleichheiten reproduziert und ebenfalls in einer Bedrohung der Freiheit münden kann.[43]

Obwohl sich das Grundgesetz der Bundesrepublik Deutschland durch eine bewusst gewählte wirtschaftspolitische Neutralität auszeichnet, entfaltet es dennoch normative Wirkung auf das ökonomische Gefüge des Staates. Diese Wirkung ist weniger durch explizite Festschreibungen ökonomischer Systeme als vielmehr durch den grundrechtlichen Ordnungsrahmen und die daraus folgenden legislativen Bindungen bedingt. Das Grundgesetz enthält eine »Reihe relevanter wirtschaftsverfassungsrechtlicher Grundaussagen, die – insbesondere im Bereich grundrechtlicher Bindungen – den gesetzgeberischen Spielraum durchaus nicht unerheblich einschränken.«[44] Insbesondere das Gebot der Eigentumsgarantie (Art. 14 GG), die Berufsfreiheit (Art. 12 GG) sowie der Sozialstaatsgrundsatz (Art. 20 Abs. 1 GG) bilden zentrale Schnittstellen zwischen ökonomischer Ordnung und verfassungsrechtlicher Normativität.[45]

Eine konstitutionelle Bekräftigung nach der deutschen Wiedervereinigung erfährt diese wirtschaftspolitische Grundorientierung zudem durch den Vertrag über die Schaffung einer Währungs-, Wirtschafts- und Sozialunion vom 18. Mai 1990. Darin wird in Art. 1 Abs. 1 ausdrücklich festgehalten: »Die Bundesrepublik Deutschland und die Deutsche Demokratische Republik vereinbaren eine Soziale Marktwirtschaft als Grundlage der Wirtschaftsordnung im vereinten Deutschland.«[46] Damit wurde nicht nur ein symbolisches Bekenntnis zur Wirtschaftsordnung der alten Bundesrepublik abgegeben, sondern der Gedanke der sozialen Marktwirtschaft auch in das verfassungsrechtliche Gefüge des deutschen Einigungsprozesses eingebettet.

Soziale Marktwirtschaft und liberale Demokratie bedingen einander

Ich möchte hier betonen, wie tiefgreifend die Prinzipien der liberalen Demokratie und der sozialen Marktwirtschaft die bundesrepublikanische Ordnung durchdringen und wie sehr diese Säulen einander bedingen. Die Ordnung des Politischen und die Ordnung des Ökonomischen stehen nicht nur in einem funktionalen Wechselverhältnis, sondern sie sind auch sind Ausdruck eines gemeinsamen normativen Fundaments.

Walter Eucken, einer der Vordenker des deutschen Ordoliberalismus und einer der intellektuellen Väter der sozialen Marktwirtschaft, formulierte die Einsicht in diese wechselseitige Abhängigkeit mit bemerkenswerter Klarheit: »Staatsverfassung, Wirtschaftsverfassung und Gesellschaftsordnung bestehen jeweils in gegenseitiger Abhängigkeit voneinander. Diese ›Interdependenz der Ordnungen‹ ist ein wesentlicher Tatbestand des Lebens und gerade des modernen Lebens. Ihre Erkenntnis ist eine Voraussetzung für das Verständnis aller Probleme sowohl der Wirtschaftspolitik als auch der Rechts- und Staatspolitik der Gegenwart.«[47] – Die Wettbewerbsordnung ist ein Programm der Freiheit[48]: Sie dient nicht dem Markt als Selbstzweck, sondern der Ermöglichung menschlicher Selbstbestimmung.

Wer eine Gesellschaft will, die die Freiheit der Bürgerinnen und Bürger ermöglicht und schützt, braucht die Konstitution der liberalen Demokratie: freie, faire und regelmäßige Wahlen, Rechtsstaatlichkeit, Gewaltenteilung, garantierte Grund- und Freiheitsrechte sowie Pluralismus. Doch damit Menschen ihre Freiheit nicht nur formell besitzen, sondern auch faktisch ausüben können, braucht es ökonomische Prosperität – diese lässt sich über ein marktwirtschaftliches System schaffen.

Gleichzeitig benötigen die wirtschaftlich handelnden Akteure – also Unternehmerinnen und Unternehmer – genau jene rechtsstaatlichen und institutionellen Sicherheiten, die nur eine liberale Demokratie gewähren kann: Rechtsstaatlichkeit, Gewaltenteilung, garantierte Grund- und Freiheitsrechte sowie Pluralismus. Nicht nur um der Freiheit ihrer Bürgerinnen und Bürger willen, sondern auch zur Sicherung der wirtschaftlichen Prosperität werden die politisch Verantwortlichen daher ein Interesse daran haben, die Funktionsbedingungen marktwirtschaftlichen Handelns zu wahren.

So entsteht eine wechselseitige Kontrolle: Politische Macht wird durch die marktwirtschaftliche Ordnung begrenzt – und umgekehrt erfordert die Marktwirtschaft rechtsstaatliche Rahmenbedingungen, wie sie nur in einer liberalen Demokratie gewährleistet sind. Weil das »liberale Freibeutertum«, von dem Ludwig Erhard sprach – also eine völlig unregulierte, nach dem Prinzip des Laissez-faire organisierte Wirtschaft –, durch Marktversagen und Machtakkumulation immer wieder gefährdet ist, braucht es zudem mitunter ordnungspolitische Eingriffe – nicht zuletzt dies gewährleistet das Modell der sozialen Marktwirtschaft.

Es ist exakt diese besondere Konstellation aus sozialer Marktwirtschaft und liberaler Demokratie, die Deutschland in den vergangenen acht Jahrzehnten nicht nur zu einer der führenden Volkswirtschaften der Welt gemacht, sondern auch die politische Stabilität und die individuelle Freiheit seiner Bürgerinnen und Bürger gesichert hat.

Der wirtschaftliche Erfolg und die demokratische Verfasstheit der Bundesrepublik sind dabei keine voneinander unabhängigen Errungenschaften, sondern das Ergebnis eines sich gegenseitig stabilisierenden Ordnungsrahmens.

Neue Herausforderungen durch die Feinde der Freiheit

In der Folge der weltpolitischen Umwälzungen von 1989 bis 1991 schien es in Deutschland und viele anderen Staaten der Welt, als würde die Freiheit gewinnen, als hätten sich die Ideale des Liberalismus und der Aufklärung – verkörpert in der liberalen Demokratie und verbunden mit (mehr oder weniger sozialen) marktwirtschaftlichen Systemen – endgültig durchgesetzt. Ein Vierteljahrhundert später haben sich diese Hoffnungen jedoch als trügerisch erwiesen: Die liberale Demokratie gerät weltweit unter Druck, autoritäre Regime erstarken, und die offenen Gesellschaften werden zunehmend herausgefordert.[49]

Besonders virulent sind zum Beginn des zweiten Viertels des 21. Jahrhunderts rechtsextreme und rechtspopulistische Bewegungen. In der größten Volkswirtschaft der Welt, den Vereinigten Staaten, sitzt mit Donald Trump erneut ein ausgewiesener Populist im Weißen Haus. Seine erratische und von zahlreichen Beobachterinnen und Beobachtern inzwischen als autoritär oder gar faschistoid eingestufte Politik sendet Schockwellen um den Globus. In der Volksrepublik China formuliert der fast allmächtig wirkende Präsident Xi Jinping Hegemonialansprüche für Teile des pazifischen Raums und droht mit Einfuhrzöllen und Exportbeschränkungen für wichtige Rohstoffe in westliche Industriestaaten. In Argentinien wurde mit Javier Milei 2023 ein rechter radikallibertärer Populist zum Präsidenten gewählt. In Indien transformiert Premierminister Narendra Modi mit seiner BJP die größte Demokratie der Welt in einen hindu-nationalistischen Staat, der religiöse Minderheiten systematisch entrechtet.[50]

Auch in der Europäischen Union stehen die Zeichen auf Sturm. In mehreren Mitgliedstaaten sind rechtspopulistische oder populistische Parteien entweder an der Regierung beteiligt oder dominieren den politischen Diskurs. In Ungarn regiert Viktor Orbán mit seiner Fidesz-Partei seit Jahren in einem zunehmend autoritären Stil. In Polen ist die PiS trotz zwischenzeitlicher Regierungswechsel weiterhin ein politischer Machtfaktor, der mit illiberalen Tendenzen auffällt. In Italien stellt Giorgia Meloni mit Fratelli d'Italia die Ministerpräsidentin eines offen rechtspopulistischen und nationalkonservativen Regierungsbündnisses. Robert Fico von der Smer-Partei leitet in der Slowakei ein autoritäres Regierungsbündnis. Auch in den Niederlanden ist mit der PVV von Geert Wilders eine rechtspopulistische Kraft mittlerweile an der Regierungsbildung beteiligt. In Tschechien, Finnland und Kroatien sitzen populistische oder rechtsnationale Parteien mit in den Kabinetten oder beeinflussen maßgeblich die politische Agenda, und in Frankreich dominiert der rechtspopulistische und in Teilen rechtsextreme Rassemblement National unter Marine Le Pen weite Teile des politischen Diskurses.

Diese Entwicklungen machen auch vor Deutschland nicht halt. Die AfD ist eine rechtspopulistische Partei und gilt zumindest als rechtsextremer Verdachtsfall. Das Bundesamt für Verfassungsschutz (BfV) hatte die AfD im Mai 2025 als »gesichert rechtsextrem« eingestuft.[51] Nach einer Klage der AfD hatte das BfV aber zugestimmt, die Partei bis zum Abschluss eines Gerichtsverfahrens weiter nur als »rechtsextremen Verdachtsfall« einzustufen. Dies bedeutet keine Korrektur der Hochstufung.

Bei der Bundestagswahl 2025 erzielte die AfD 20,8 % der Zweitstimmen und wurde damit zweitstärkste Kraft im Deutschen Bundestag. Bei den Landtagswahlen 2024 in Thüringen wurde die AfD mit 32,8 % der Stimmen die stärkste Partei, in Sachsen erreichte sie im selben Jahr 30,6 % Prozent und lag damit nur knapp hinter der CDU, ebenfalls 2024 bekam die AfD in Brandenburg 29,2 % der Stimmen und lag als zweitstärkste Partei ebenfalls nur knapp hinter der SPD mit 30,9 % der Stimmen.[52]

Der Schutz der offenen Gesellschaft und die Rolle der Unternehmen

Wie sollen sich Unternehmen also verhalten, wenn in Deutschland – und anderswo – rechtspopulistische und rechtsextreme Parteien auf dem Vormarsch sind? Sollen sie sich aus der Politik heraushalten und diese Entwicklungen gewissermaßen von der Seitenlinie beobachten, weil sie – wie es Milton Friedman formulierte[1] – ohnehin keine gesellschaftliche Verantwortung tragen? Oder liegt es nicht vielmehr nahe, dass sich Unternehmen und ihre Führungskräfte in Situationen wie der gegenwärtigen zu Wort melden, Position beziehen und sich Populisten und Extremisten entschlossen entgegenstellen?

Es dürfte mittlerweile klar geworden sein, dass ich für Letzteres plädiere: Unternehmen haben im Rahmen unserer politisch-wirtschaftlichen Ordnung auch die Aufgabe, sich dem zunehmenden Rechtsextremismus und Populismus aktiv entgegenzustellen und die offene Gesellschaft zu beschützen. Meine Haltung möchte ich mit drei Argumenten begründen.

1. Ich werde herausarbeiten, dass das gegenwärtige Programm der AfD in vielerlei Hinsicht ökonomisch schädlich für deutsche Unternehmen ist.
2. Doch selbst wenn sich die AfD von ihren radikaleren Positionen distanzieren sollte, bliebe sie eine populistische Partei. Als solche ist sie – wie jede andere populistische Partei auch – mit einem moralischen Alleinvertretungsanspruch ausgestattet, der wiederum strukturell mit einem paranoiden Politikstil verbunden ist. Die Pa-

ranoia der Populisten führt sie geradezu zwangsläufig zum Einsatz bestimmter Herrschaftstechniken, die die liberale Demokratie untergraben und damit die Funktionsweise der sozialen Marktwirtschaft gefährden. Daran kann kein Unternehmen ein Interesse haben, weil es dessen Existenz aufs Spiel setzt.

3. Schließlich werde ich darlegen, dass sich Unternehmen – genauer: ihre Führungskräfte – nicht nur aus strategischem Eigeninteresse, sondern auch als Bürgerinnen und Bürger einer offenen Gesellschaft ihrer Verantwortung stellen sollten, um ebendiese Ordnung aktiv zu schützen.

The business of business is not just business

Wenn wir über die politische Verantwortung von Unternehmen sprechen, kommen wir um die Thesen von Milton Friedman nicht herum.

Friedman, Träger des Alfred-Nobel-Gedächtnispreises für Wirtschaftswissenschaften und Professor an der University of Chicago war zweifellos einer der prominentesten Ökonomen des 20. Jahrhunderts, nicht zuletzt, weil seine Thesen heftigen Widerspruch ausgelöst haben.

Für viele Wirtschaftsliberale gilt Friedman als intellektueller Fixstern; für Kapitalismuskritiker hingegen als Inbegriff eines radikalen Marktfundamentalismus und Hassfigur – schließlich hatte ihm der chilenische Diktator Augusto Pinochet 1975 freie Hand gegeben, um sein neoliberales Wirtschaftsprogramm sozusagen in Reinkultur umzusetzen – was acht Jahre später in einem wirtschaftlichen Desaster endete.

Ungeachtet dessen bildeten Friedmans monetaristische Theorien den Rahmen für Ronald Reagans wie für Margaret Thatchers neoliberale Wirtschaftspolitik in den USA und in Großbritannien während der 1980er-Jahre. Nicht zuletzt deshalb gilt Friedman auch zwei Jahrzehnte nach seinem Tod als wichtiger Stichwortgeber in der Debatte um eine wie auch immer geartete Verantwortung von Unternehmen.

So erklärte Elon Musk, der reichste Mann der Welt, CEO mehrerer global agierender Technologieunternehmen und für eine kurze Zeit ein enger Berater von US-Präsident Donald Trump, Ende 2024 auf seinem Kurznachrichtendienst X: »Friedman was the best.«[2]

Friedman lehnte das gesamte »Gerede« von unternehmerischer Verantwortung als ideologisch motivierte Ablenkung vom eigentlichen unternehmerischen Zweck – die Steigerung der Profite – ab. Die Grundlage für diese Ablehnung hatte er bereits 1962 mit seinem Buch *Capitalism and Freedom* gelegt, den größten öffentlichen Widerhall jedoch fanden jene Thesen, die er in dem Essay »The Social Responsibility of Business is to Increase its Profits« vertrat, der 1970 im *New York Times Magazine* erschien.

Die darin formulierte »Friedman-Doktrin« wurde zur weltweiten Referenz und prägt bis heute ökonomische Denkstile, Managementausbildungen sowie die unternehmerische Praxis. Jahr für Jahr wird sie tausendfach an Universitäten gelehrt und von zahlreichen Entscheidungsträgern und -trägerinnen in der Wirtschaft zitiert.

In abgeschwächter Form wird Friedmans Haltung oftmals in dem geflügelten Satz »The business of business is business« zusammengefasst. Doch diese harmlos wirkende Formel unterschlägt die Radikalität von Friedmans Schlachtruf. Dieser lautet unmissverständlich:

> »In a free society [...] there is one and only one social responsibility of business – to use its resources and engage in activities designed to increase its profits so long as it stays within the rules of the game, which is to say, engages in open and free competition without deception or fraud.«[3]

Die Verantwortung von Unternehmen und den dort tätigen Führungskräften liegt demnach ausschließlich in der gewinnorientierten Nutzung der verfügbaren Ressourcen – unter der Bedingung von Legalität und wettbewerblicher Offenheit. Eine Verantwortung gegenüber der Gesellschaft, der Umwelt oder zukünftigen Generationen kennt Friedman nicht – zumindest nicht im moralischen Sinne.

Insbesondere angestellte Manager sollen sich nach Friedmans Auffassung ausschließlich für die Maximierung von Profiten einsetzen – solange sie sich an die geltenden Gesetze halten – und von allen anderen Themen die Finger lassen. Friedman begründet seine Position mit einem spezifischen Verständnis des Verhältnisses zwischen Managerinnen und Anteilseignern von Unternehmen. Besteht hier keine Personalunion – ist also die Managerin nicht zugleich (Mit-)Eigentümerin des Unternehmens –, dann agiert sie, so Friedman, als bloße Agentin im Auftrag eines Prinzipals.

Mit anderen Worten: Manager sind, aus dieser Perspektive, nichts anderes als Angestellte der jeweiligen Anteilseigner eines Unternehmens, also der Shareholder. Diese Shareholder erwarten von ihren Agenten nur eines: die Steigerung des Shareholder Value – also des wirtschaftlichen Wertes, den das Unternehmen für seine Eigentümer generiert.

Investiert nun eine Managerin die Ressourcen des ihr anvertrauten Unternehmens in nicht-profitorientierte, gesellschaftliche oder andere Anliegen, so überschreitet sie ihre Kompetenzen; sie verwendet fremdes, ihr lediglich anvertrautes Geld für die von ihr persönlich gutgeheißenen Zwecke. Wenn eine Managerin zum Beispiel auf eine wirtschaftlich lukrative, aber gesellschaftlich oder ökologisch fragwürdige Investition verzichtet – etwa den Bau eines Werks in einem Land mit niedrigen Umweltstandards –, so handelt sie nicht etwa verantwortungsvoll, sondern veruntreut nach Friedmans Überzeugung das Kapital des Unternehmens. Mehr noch: Sie stiehlt den Eigentümern des Unternehmens ihre Rendite und ersetzt deren Interessen durch ihre eigenen moralischen Präferenzen.

Diese radikale Konsequenz bringt Milton Friedman mit entwaffnender Klarheit auf den Punkt: Managerinnen und Manager, die sich über ihre betriebswirtschaftliche Rolle hinaus gesellschaftlich engagieren und dafür Unternehmensressourcen verwenden, handeln – so Friedmans Logik – wie Diebe, die das Eigentum der Shareholder zweckentfremden und sich damit unrechtmäßig an Mitteln vergreifen, die ihnen nicht gehören.[4]

Ist ein Engagement gegen die AfD Diebstahl?

Diese Frage steht im Raum, sobald angestellte Manager und Managerinnen Aktionen gegen die AfD initiieren oder unterstützen. Friedmans Argument setzt voraus, dass jedes gesellschaftliche Engagement von Unternehmen zwangsläufig mit zusätzlichen Kosten einhergeht, die den Unternehmensgewinn schmälern.

Dem ist auf den ersten Blick kaum etwas entgegenzusetzen. Wenn sich Unternehmen wie Edeka mit kostspieligen, teils ganzseitigen Anzeigen in überregionalen Tageszeitungen öffentlich gegen die AfD positionieren, entstehen zweifellos Ausgaben in durchaus nennenswerter Höhe. Auch Demokratieschulungen, wie sie etwa vom sächsischen Uhrenhersteller Nomos initiiert werden, verursachen Aufwand und Kosten.

Ich halte diesen Argumenten entgegen, dass es sich bei diesem politischen Engagement nicht um Diebstahl an den Shareholdern handelt, sondern vielmehr um strategisch sinnvolle Investitionen. Die eingesetzten Mittel zielen darauf ab, mittel- und langfristige Schäden durch die Politik der AfD zu vermeiden – sie erfüllen eine risikopräventive Funktion und sind damit im Interesse der Shareholder.

In einer Analyse des arbeitgebernahen Instituts der deutschen Wirtschaft (IW) mit dem Titel »Rechtsaußen-Erstarken in Deutschland: Implikationen für den Wirtschaftsstandort«[5] untersuchten die Autoren Matthias Diermeier, Knut Bergmann, Benita Zink und Natalie Päßler im Februar 2025 u. a. auf Grundlage des Wahlprogramms der AfD für die Bundestagswahl 2025 (»Zeit für Deutschland«)[6] die Risiken der AfD-Politik für deutsche Unternehmen. Sie kamen zu einem eindeutigen Ergebnis.

Austritt aus der Europäischen Union (»Dexit«)

Erstens stellt die AfD die Zugehörigkeit Deutschlands zur Europäischen Währungsunion und – wenn auch weniger explizit – zur Europäischen Union insgesamt infrage.

Es gilt unter Ökonomen als weitgehend unbestritten, dass Deutschland in besonderem Maße vom europäischen Binnenmarkt profitiert hat. Schätzungen zufolge belaufen sich die durch den Binnenmarkt bedingten jährlichen Wohlstandsgewinne in der Bundesrepublik auf etwa 1046 Euro pro Kopf. Das ist deutlich über dem EU-Durchschnitt von 840 Euro.

Dies zeigt sich auch in absoluten Zahlen: Von den insgesamt rund 461 Milliarden Euro an gesamtwirtschaftlichem Wohlfahrtsgewinn, die dem Binnenmarkt zugeschrieben werden, entfallen rund 83 Milliarden Euro – also mehr als

18 Prozent – auf Deutschland. Kein anderes Mitgliedsland profitiert in vergleichbarem Ausmaß.[7]

Ein möglicher Austritt Deutschlands, nach dem Vorbild des britischen »Brexit«, hätte laut einer IW-Studie erhebliche negative ökonomische Konsequenzen. Den Berechnungen der Ökonomen zufolge könnten sich die Verluste innerhalb von nur fünf Jahren auf rund 5,6 Prozent des realen Bruttoinlandsprodukts belaufen, was etwa 690 Milliarden Euro entspräche. Zudem stünde der Verlust von bis zu 2,5 Millionen Arbeitsplätzen im Raum. In dieser Schätzung ist ein Austritt aus dem Euro noch nicht berücksichtigt – ein Szenario, dessen ökonomische Verwerfungen mutmaßlich noch weitreichender wären.[8]

Kein anderes Themenfeld wird von der in der Studie befragten Unternehmensverantwortlichen so kritisch bewertet wie die europapolitischen Positionen der AfD. 77 Prozent der befragten Führungskräfte sehen im Erstarken der AfD eine ernst zu nehmende Bedrohung für die Stabilität von EU und Euro; lediglich 3,4 Prozent erkennen darin eine potenzielle Chance.[9]

Fachkräftemangel

Die Verfasser der IW-Studie konstatieren ein erhebliches Risiko, dass die AfD-Politik die Versorgung deutscher Unternehmen mit Fachkräften negativ beeinflusst. Dieser Aspekt gewinnt vor dem Hintergrund zunehmender demografisch bedingter Arbeitsmarktengpässe eine besondere Brisanz. Laut den Prognosen des Instituts für Arbeitsmarkt- und Berufsforschung (IAB) droht Deutschland bis zum Jahr 2035 ein Mangel von rund sieben Millionen Fachkräften.[10]

Diese Herausforderungen zeigen sich innerhalb der Bundesrepublik in regional unterschiedlicher Ausprägung:

Während städtische Ballungsräume voraussichtlich weiterhin von Zuwanderung profitieren, verschärft sich die Lage insbesondere in ländlich geprägten Regionen. Besonders betroffen sind dabei ländliche Räume in Ostdeutschland außerhalb stadtnaher Einzugsgebiete, in denen es ohnehin in den vergangenen zehn Jahren zu erheblichen Bevölkerungsverlusten kam. In einzelnen Landkreisen lag die Abwanderungsquote bei bis zu 10 Prozent der Bevölkerung. Die langfristigen Prognosen sind hier besonders ungünstig: In Extremfällen ist bis 2045 mit einem weiteren Rückgang von bis zu 20 Prozent zu rechnen.[11]

Obwohl sich der politische Einfluss der AfD bislang nur indirekt auf die konkrete Ausgestaltung der Migrationspolitik ausgewirkt hat, zeigen sich bereits erste spürbare Auswirkungen auf die Rekrutierung internationaler Fachkräfte.

Seit ihrer Gründung hat die Partei ihre migrationspolitischen Positionen zunehmend radikalisiert. Im Bundestagswahlprogramm 2025 findet sich erstmals ein »Maßnahmenkatalog […] Remigration«[12], womit zumindest implizit die Möglichkeit thematisiert wird, auch bereits eingebürgerte Personen zur Ausreise zu bewegen. Eine derart explizite Bezugnahme auf den Begriff »Remigration« wurde bis zur Nominierung von Alice Weidel als Kanzlerkandidatin im Vorfeld der Bundestagswahl vermieden. Bereits im Kontext der Europawahl 2024 hatte die bloße Nähe zu diesem Begriff dazu geführt, dass die AfD im Europäischen Parlament selbst unter rechtsnationalistischen Gruppierungen isoliert blieb und keine Aufnahme in eine der Fraktionen fand. Schon die öffentliche Debatte über solche Vorschläge kann auf potenzielle internationale Fachkräfte abschreckend wirken.

Es ist daher wenig verwunderlich, dass nahezu 50 Prozent der vom IW befragten Hauptgeschäftsführer deutscher Wirtschaftsverbände angeben, es sei in Regionen mit besonders hoher AfD-Wählerunterstützung zunehmend schwieriger, qualifizierte ausländische Arbeitskräfte für eine Tätigkeit vor Ort zu gewinnen. Lediglich 13 Prozent der Befragten berichten, keinerlei Schwierigkeiten bei der Rekrutierung internationaler Fachkräfte zu haben[13]. Auch das Leibniz-Zentrum für Europäische Wirtschaftsforschung (ZEW) kommt in einer Untersuchung aus dem Jahr 2024 zu dem Schluss, dass Unternehmen in Regionen mit hoher Zustimmung zur AfD über Probleme bei der Gewinnung sowohl inländischer als auch ausländischer Fachkräfte berichten.[14]

Die politischen Vorschläge der AfD zur Fachkräftesicherung werden daher auch von deutschen Unternehmensführungen überwiegend kritisch bewertet. In einer weiteren Umfrage des IW zur Kompetenzzuschreibung im Politikfeld Fachkräftesicherung belegt die AfD unter allen Bundestagsparteien den letzten Platz und erhält die Schulnote »mangelhaft« (5,3) – schlechter als Die Linke (4,9) und das Bündnis Sahra Wagenknecht (4,8).[15] Zwar erkennt die AfD in ihrem Wahlprogramm grundsätzlich an, dass die gezielte Zuwanderung qualifizierter Fachkräfte unter bestimmten Voraussetzungen, etwa im Sinne des wirtschaftlichen Nutzens für den Standort Deutschland, sinnvoll sein könne.[16] Gleichzeitig hält die Partei jedoch an der Auffassung fest, der inländische Arbeitskräftebedarf könne auch ohne Migration gedeckt werden. Sie verweist dabei auf ein angeblich noch ungenutztes Potenzial innerhalb der deutschen Bevölkerung.[17] Als Lösung schlägt sie unter anderem eine Erhöhung der Geburtenrate vor, beispielsweise durch eine Willkommensprämie in Höhe von 20000 Euro je neugeborenem Kind. Doch selbst wenn diese Maßnahme Wirkung entfalten sollte, wären erste entlastende Effekte für den Arbeitsmarkt frühestens in zwanzig Jahren zu erwarten.[18]

Dementsprechend kommt auch das Deutsche Institut für Wirtschaftsforschung in einer Studie zu einem klaren Befund: »Mehr Migration könnte Potenzialwachstum der deutschen Wirtschaft deutlich erhöhen.«[19] Das Erstarken der AfD mache eine solche Zuwanderung jedoch zunehmend unwahrscheinlich. Am stärksten betroffen seien dabei ausgerechnet die ländlichen Regionen, in denen die AfD besonders hohe Wahlergebnisse erzielt und in denen die demografische Lage besonders angespannt ist.[20]

Energiepolitische Transformation

In Sachen Klimaschutz befindet sich die AFD in einer Fundamentalopposition gegen die energiepolitische Transformation in Deutschland. Im Gegensatz zu allen anderen im Deutschen Bundestag vertretenen Parteien leugnet die AfD die Existenz des menschengemachten Klimawandels explizit. In ihrem 2025er-Wahlprogramm verweist sie stattdessen auf die historische Kontinuität klimatischer Schwankungen sowie auf eine vermeintlich unklare wissenschaftliche Evidenz hinsichtlich des menschlichen Anteils.

Aus diesem »Climate Denialism« leitet die Partei ihre Opposition zur energiepolitischen Transformation ab und rechtfertigt ihre systematischen Aktivitäten gegen Institutionen, Maßnahmen und Akteure, die im Rahmen der Nachhaltigkeitstransformation eine zentrale Rolle einnehmen. Der AfD-Bundestagsabgeordnete Karsten Hilse bezeichnete den menschengemachten Klimawandel etwa als

»Irrlehre«, für die es keine belastbaren Belege gebe, und forderte in diesem Zusammenhang den vollständigen Ausstieg Deutschlands aus sämtlichen nationalen und internationalen klima- und energiepolitischen Abkommen sowie Gremien.[21]

In einem Interview mit der Wochenzeitung *Die Zeit* äußerte sich die AfD-Vorsitzende Alice Weidel ähnlich und erklärte: »Ich streite nicht ab, dass sich die Erde erwärmt, aber ich glaube nicht, dass der menschliche Einfluss maßgeblich ist.«[22]. Auf dem Bundesparteitag der AfD im Januar 2025 im sächsischen Riesa radikalisierte sie ihre Ablehnung der klimapolitischen Transformation weiter, indem sie forderte, alle Windkraftanlagen in Deutschland zu entfernen. In diesem Zusammenhang sprach sie wörtlich davon, »alle Windräder niederreißen« zu wollen, und bezeichnete diese als »Windmühlen der Schande«.[23]

Diese Haltung entspricht dem Konzept des »Climate Obstructionism«[24], bei dem politische Akteure gezielt versuchen, klima- und energiepolitische Fortschritte zu untergraben. Dabei versucht die Partei unter anderem, den Kampf gegen den Ausbau von Windkraftanlagen als Kulturkampf zu stilisieren, und unterstellt den Regierungsparteien, unter dem Deckmantel einer »Großen Transformation« gezielt wirtschaftlichen und gesellschaftlichen Schaden herbeiführen zu wollen.[25] Um die Energieversorgung in Deutschland zu sichern, schlägt die Partei u. a. den »Wiedereinstieg in die Kernenergie«[26] sowie die »Reparatur und Wiederinbetriebnahme der Nordstream-Pipeline«[27] vor.

Die AfD unterschlägt in ihrer energiepolitischen Argumentation, dass der Neubau von Atomkraftwerken in der Regel Jahrzehnte dauert und dass die Versuche europäischer Nachbarstaaten, neue Reaktoren fristgerecht und wirtschaftlich ans Netz zu bringen, bislang kaum erfolgreich waren. Ein markantes Beispiel ist der Reaktor Flamanville 3 in Frankreich, dessen Bau 2007 begann. Statt wie geplant 2012 in Betrieb zu gehen und 3,3 Milliarden Euro zu kosten, verzögerte sich das Projekt um mehr als ein Jahrzehnt; die Kosten stiegen auf rund 13 Milliarden Euro. Ähnlich verlief der Bau von Olkiluoto 3 in Finnland: Statt der ursprünglich vorgesehenen Fertigstellung im Jahr 2009 wurde der Reaktor erst 2023 ans Netz angeschlossen, und das bei mehr als verdreifachten Kosten. Der Hinkley Point C im Vereinigten Königreich ist seit 2017 im Bau, wird voraussichtlich frühestens 2027 fertiggestellt und hat statt der ursprünglich kalkulierten 18 mittlerweile rund 25 Milliarden Pfund gekostet.[28]

Eine Wiederaufnahme oder sogar eine Erweiterung der Gasversorgung durch Russland würde Deutschland zudem in eine erneute geopolitische Abhängigkeit von Putins Russland führen. So überrascht es kaum, dass die deutschen Unternehmensführer die Kompetenz der AfD hinsichtlich der »Energiepolitik« (Versorgungssicherheit, Preisstabilität, Dekarbonisierung) mit der Note »mangelhaft« bewerten.

Das IW fasst diese Einschätzung wie folgt zusammen: »Die energiepolitische Fundamentalopposition gegen den in Deutschland avisierten Transformationspfad überzeugt die Wirtschaft nicht. Die Rückkehr in die Vergangenheit russischer Energieimporte und hoher CO_2-Ausstöße wird nicht einmal in der energieintensiven Industrie als erbauliches Zukunftsszenario gesehen.«[29]

Auch die Wirtschafsverbände sind mit ihrer Kritik gegenüber den Vorhaben der AfD nicht zurückhaltend. Der Verein »Die Familienunternehmer« präsentiert sich als »DIE Stimme der Familienunternehmen«. Er vertritt nach eigenen Angaben »die wirtschaftspolitischen Interessen von 180 000 Familienunternehmen – aus allen Branchen und Unternehmensgrößen« und gilt als ausgesprochen wirtschaftsliberal.

In einem Analysepapier vom Frühjahr 2024 urteilt diese Lobbyorganisation unter dem Titel »Die wirtschaftsfeindliche Politik der AfD« vernichtend über die wirtschaftspolitische Agenda der Partei. In dem Papier heißt es: »Die AfD gibt sich gern als Schutzmacht des deutschen Mittelstands, doch diese Analyse zeigt, dass die Wirtschaftspolitik der AfD gegen die Interessen der mittelständischen Familienunternehmen gerichtet ist. Damit gefährdet sie Millionen von Arbeitnehmern und Auszubildenden.«[30]

Die Kritik des Vereins gilt dabei nicht nur den drei Großthemen der AfD – Migration, EU-Kritik und Klimapolitik –, sondern richtet sich darüber hinaus auch gegen wesentliche Teile ihrer Sozial-, Steuer- und Digitalisierungsvorhaben. Kritisiert werden u. a. die im AfD-Grundsatzprogramm genannten Maßnahmen zur Familienpolitik, die eine Versorgung von Kindern durch ihre Mütter zu Hause und nicht in Kitas und Ganztagsschulen vorsieht. Laut dem Lobbyverband würde dies dazu führen, dass viele junge Familien um ein zweites Einkommen gebracht und Unternehmen die dringend gebrauchten (weiblichen) Arbeitskräfte entzogen werden.

Die von der AfD propagierte Streichung der Grundsteuer wird von dem Verband mit dem Argument abgelehnt, dass es sich dabei um eine der wichtigsten Einkommensquellen für Kommunen handele. Im Hinblick auf das von der AfD geforderte »Recht auf ein analoges Leben« heißt es: »Konkret bedeutet das, dass die öffentliche Verwaltung fast gar nicht digitalisiert wird, denn analoge und digitale Verfahren parallel vorzuhalten, ist für den Staat nicht finanzierbar. Aber die Digitalisierung der Verwaltung ist die Voraussetzung, um viel Bürokratie zu vermeiden. Die AfD zwingt die Bürger mit ihrer analogen Verwaltung dazu, in der Bürokratie zu verharren. Die Unternehmen müssen ohne Digitalisierung der Verwaltung Milliarden Euro unnütz für Bürokratie mehr bezahlen.«[31]

Zu ähnlichen Einschätzungen kommt Marcel Fratzscher, der Präsident des als arbeitnehmernah geltenden Deutschen Instituts für Wirtschaftsforschung (DIW): »Die Wirtschaftspolitik der AfD führt in die Katastrophe.«[32]

Ebenfalls befragt zu den Konsequenzen des AfD-Wahlprogramms urteilt der Präsident des Bundesverbands der Deutschen Industrie (BDI), Peter Leibinger deutlich: »Das wäre katastrophal.«[33]

Das wirtschaftspolitische Programm der AfD wird also übereinstimmend sowohl von arbeitgeber- als auch arbeitnehmernahen wirtschaftswissenschaftlichen Forschungsinstituten sowie von maßgeblichen Verbänden der deutschen Wirtschaft als schädlich für den Wirtschaftsstandort Deutschland bewertet und abgelehnt.

Dieser Hintergrund verleiht meinem ersten Argument seine Plausibilität: Das politische Engagement von Unternehmen und ihren Führungskräften gegen die AfD stellt keinen »Diebstahl an den Shareholdern« dar – wie es gelegentlich von Kritikern behauptet wird –, sondern ist im Gegenteil Ausdruck eines klugen und strategischen Managementhandelns. Die hierfür eingesetzten Mittel dienen dem präventiven Risikomanagement: Sie sollen potenziell gravierende mittel- und langfristige Schäden von Unternehmen abwenden, die sich durch eine Realisierung der AfD-Forderungen ergeben würden. In diesem Sinne ist das politische Engagement von Unternehmen gegen die AfD auch im ökonomischen Interesse der Anteilseigner von Unternehmen.

Populisten: Eine Gefahr für Unternehmen und die offene Gesellschaft

Nehmen wir nun für ein Gedankenexperiment an, die AfD würde ihre radikalen Positionen zur Europäischen Union, zur Leugnung des Klimawandels, zur Migration und selbst zu ihrem offen vorgetragenen ethischen Chauvinismus deutlich abschwächen oder gar aufgeben. Dieses Szenario ist zwar wenig wahrscheinlich, aber es lohnt sich meines Erachtens, die entsprechenden Implikationen dieses Szenarios gedanklich durchzuspielen.

Bevor ich zu der Analyse dieses Gedankenexperimentes komme, möchte ich noch kurz auf die im Frühjahr 2025 vom Bundesverfassungsschutz vorgenommene Einstufung der AfD als »gesichert rechtsextreme« Partei eingehen.

Ist die AfD rechtsextrem?
Wie wichtig ist das?

Auch wenn die vom Bundesamt für Verfassungsschutz (BfV) im Juni 2025 vorgenommene Einstufung der AfD als gesichert rechtsextremistische Partei bis zu einer Klärung durch die Gerichte vom BfV zurückgezogen wurde, stellt sich die Frage, was passieren würde, wenn Rechtsextreme in Deutschland das Ruder übernehmen würden.

Die Antwort ist fast trivial: Rechtsextreme wollen eine andere Gesellschaft – sie wollen die liberale Demokratie abschaffen.

Interessant ist in diesem Kontext die vom Verfassungsschutz vorgenommene begriffliche Unterscheidung zwischen Radikalismus und Extremismus. Auf seiner Internetseite gibt das BfV an, dass in einer lebendigen Demokratie auch radikale Ansichten ihren Platz haben. Radikale Positionen – auch wenn sie fundamentale Kritik an bestehenden Wirtschafts- und Gesellschaftsstrukturen üben – seien innerhalb der pluralistischen Demokratie legitim, sofern sie die Grundprinzipien der freiheitlich-demokratischen Ordnung nicht infrage stellen. Extremismus hingegen richtet sich explizit gegen diese normative Grundlage und strebt ihre Überwindung oder Abschaffung an.[34]

Der Politikwissenschaftler und Extremismusexperte Hans-Gerd Jaschke definiert Rechtsextremismus als »die Gesamtheit von Einstellungen, Verhaltensweisen und Aktionen, organisiert oder nicht, die von der rassisch oder ethnisch bedingten sozialen Ungleichheit der Menschen ausgehen, nach ethnischer Homogenität von Völkern verlangen und das Gleichheitsgebot der Menschenrechts-Deklarationen ablehnen, den Vorrang der Gemeinschaft vor dem Individuum betonen und von der Unterordnung des Bürgers unter die Staatsräson ausgehen, den Wertepluralismus einer liberalen Demokratie ablehnen und die Demokratisierung rückgängig machen wollen, den Individualismus aufheben wollen zugunsten einer völkischen, kollektivistischen, ethnisch homogenen Gemeinschaft in einem starken Nationalstaat, den Multikulturalismus ablehnen und entschieden bekämpfen«.[35]

Weitgehend übereinstimmend benennt der Politikwissenschaftler Richard Stöss vier zentrale Merkmale des Rechtsextremismus:[36]

1. übersteigerter Nationalismus,
2. die Beschwörung äußerer Bedrohungen,
3. die Ablehnung universeller Freiheits- und Gleichheitsrechte sowie
4. eine Tendenz zur Gegnerschaft gegenüber parlamentarisch-pluralistischen Systemen.

Hinzu trete das Ideal einer ethnisch homogenen Volksgemeinschaft, die sich unter einer autoritären Führungsfigur vereint.

Es geht Rechtsextremen also nicht allein um die Rückkehr zu konservativen Werten, zur traditionellen Familie oder zu einer ethnisch definierten Nation – ihr Ziel ist die Abschaffung des pluralistischen Systems, das universelle Menschenrechte, Meinungsfreiheit, Gewaltenteilung und institutionelle Kontrolle gewährleistet. Was geschähe, wenn rechtsextreme Kräfte in einer liberalen Demokratie wie Deutschland an die Macht kämen, würde daher nicht nur ein politisches Risiko beschreiben, sondern käme einer zivilisatorischen Zäsur gleich.

Ob die Einschätzung des Bundesamtes für Verfassungsschutz, die AfD in wesentlichen Teilen als rechtsextreme Partei einzustufen, Bestand hat, müssen (Stand August 2025) Gerichte entscheiden. Es ist ein Gebot der Redlichkeit, hier anzuführen, dass es auch Kritik an dieser Einordnung gibt – und dies nicht nur aus den Reihen der AfD. So warnt etwa der Oldenburger Verfassungsrechtler Volker Boehme-Neßler vor einer Überdehnung des Extremismusbegriffs. In einem Gastbeitrag in der *Neuen Zürcher Zeitung* kritisiert er, dass durch eine politisch weitreichende Auslegung des Verfassungsschutzauftrags schnell auch oppositionelle oder unbequeme Meinungen unter Extremismusverdacht geraten könnten, was im Ergebnis die freiheitliche demokratische Grundordnung selbst gefährde.[37]. Auch der Politikwissenschaftler und ehemalige Finanzminister sowie Wissenschaftsminister des Landes Mecklenburg-Vorpommern, Michael Brodkorb, plädiert in seinem Buch *Gesinnungspolizei im Rechtsstaat*[38] für eine stärkere rechtsstaatliche Kontrolle des Verfassungsschutzes, da dieser zum Richter über legitime politische Positionen werde, wenn die Abgrenzung zwischen Radikalität und Extremismus nicht präzise erfolge.

Wir können an dieser Stelle nicht abschließend klären, ob die AfD zweifelsfrei als gesichert rechtsextreme Partei einzustufen ist – das bleibt einem noch zu ergehenden Gerichtsurteil vorbehalten. Abgesehen davon halte ich es für unbedingt notwendig, dass Rechtsextremisten auch als solche benannt werden – vorausgesetzt, die entsprechenden Belege liegen vor. Deshalb möchte ich an dieser Stelle betonen, dass es für die Analyse der von der AfD ausgehenden Gefahren bereits ausreicht, sie als rechtspopulistische Partei zu begreifen. Wie ich im Folgenden zeigen werde, geht von allen populistischen Parteien – egal, auf welcher Seite des politischen Spektrums sie sich befinden – ein erhebliches Gefährdungspotenzial für die liberale Demokratie und für die in ihr tätigen Unternehmen aus. Es ist mir deshalb ein besonderes Anliegen, die nach meiner Auffassung bislang unzureichend analysierten und unterschätzten Risiken, die mit dem Aufstieg populistischer Parteien verbunden sind, klar zu benennen.

Was Populisten so gefährlich macht

Im Unterschied zum Rechtsextremismus erscheint die Bedrohung durch den Rechtspopulismus auf den ersten Blick weniger eindeutig – sie ist deshalb auch vermeintlich schwerer zu prognostizieren und einzuschätzen. Zwar kreisen die politischen Programme rechtspopulistischer Parteien ebenfalls um Konzepte wie nationale Identität und kulturelle Homogenität und beinhalten häufig migrationsfeindliche, identitäre oder rassistisch konnotierte Inhalte, aber die Rechtspopulisten geben sich selten offen systemfeindlich.

Ein Grund hierfür liegt in dem strategischen Bemühen, sich – zumindest vordergründig – innerhalb der institutionellen Rahmenbedingungen liberal-demokratischer Systeme zu bewegen, was mit einer gemäßigten Rhetorik vermittelt werden soll. Rechtspopulisten streben, anders als Rechtsextremisten, keinen unmittelbaren Systemwechsel an – sie wollen die (liberale) Demokratie nicht sofort abschaffen. Im Gegenteil: Sie versuchen wie die anderen Parteien auch, demokratische Wahlen zu nutzen, um politische Macht zu gewinnen, und sie verbinden dies mit dem Versprechen, die Souveränität ihrer Wähler gegen alle Widerstände durchzusetzen.[39]

Nach möglichen Wahlsiegen rütteln sie, wie ich zeigen werde, von innen heraus systematisch an den strukturellen Fundamenten der offenen Gesellschaft. Es ist dieser graduelle, mitunter sogar »demokratisch legitimierte« Erosionsprozess, der die Gefahr des Rechtspopulismus besonders perfide macht.

Tatsächlich könnte das von rechtspopulistischen Akteuren ausgehende Risiko für Unternehmen langfristig größer sein als jenes, das von offen rechtsextremen Gruppierungen ausgeht – gerade weil rechtspopulistische Narrative und Forderungen für breitere Bevölkerungsschichten anschlussfähig erscheinen.[40]

Die Paranoia der Populisten und ihre Herrschaftstechniken

Ich behaupte daher, dass selbst dann, wenn die AfD ihre im Wahlprogramm von 2025 formulierten wirtschaftspolitischen Vorhaben und ihren ethnischen Chauvinismus aufgeben würde, von ihr dennoch weiterhin eine ganz erhebliche Gefahr für die offene Gesellschaft – und damit auch für die in ihr operierenden Unternehmen – ausgehen würde.

Diese Gefahr resultiert aus der politischen Paranoia, die allen populistischen Bewegungen innewohnt, sowie aus den autoritären Herrschaftstechniken, mit denen sie versuchen, auf vermeintliche Bedrohungen zu reagieren.[41]

Wie eingangs erläutert, sind zwei Merkmale wesentlich für populistische Bewegungen – unabhängig davon, ob sie sich links oder rechts im politischen Spektrum verorten:

1. ein ausgeprägter Antielitarismus sowie
2. die Konstruktion eines vermeintlich homogenen Volkes, mit dem sich die Populisten *exklusiv* identifizieren.[42]

Populisten entwerfen das Feindbild politischer, ökonomischer und kultureller Eliten, die dem »Volk« ihren Willen aufzwingen und dessen wahre Interessen unterdrücken. Dementsprechend ist aus Sicht deutscher Rechtspopulisten das Volk eine homogene Einheit mit einem ebenso homogenen politischen Willen – einem Willen, den ausschließlich sie vertreten. Weder die von der AfD häufig so genannten Altparteien noch die vermeintlich korrupten Eliten in

Wirtschaft, Verwaltung oder Kultur kennen, geschweige denn vertreten diesen Willen – allein die Rechtspopulisten sind in dieser Denkschablone die einzig legitime Stimme des Volkes.

Der Yale Historiker Jan-Werner Müller bezeichnet Rechtspopulisten daher treffend als Antipluralisten mit hegemonialem Alleinvertretungsanspruch.[43] Sie seien keine Parteien wie andere, sondern organisieren sich eher als »Gefolgschaftsverbände« und erscheinen letztlich »doch lieber als ›Front (National)‹«.[44] Auch wenn (Rechts-)Populisten formal Koalitionen eingehen – etwa die FPÖ mit der ÖVP in Österreich –, betrachten sie andere Parteien nicht als legitime Mitbewerber, sondern als illegitime Vertreter korrupter Eliten: *Für Populisten gibt es keine legitimen politischen Opponenten, sondern nur Feinde.* Aus diesem antipluralistischen Selbstverständnis und dem moralischen Alleinvertretungsanspruch ergibt sich zwangsläufig ein paranoider Politikstil. Populisten wähnen sich permanent umgeben von (Volks-)Feinden: den »korrupten Eliten«, dem »Deep State« in Politik und Verwaltung, den vermeintlich gleichgeschalteten Medien (»Lügenpresse«, »Fake News«), den »Volksverrätern« im Inneren und den Bedrohungen von außen. Wer in einem solchen Weltbild agiert, ist dauerhaft im Kampfmodus und greift dementsprechend zu besonderen Herrschaftstechniken. Es ist ebendiese politische Paranoia und es sind ebendiese Herrschaftstechniken, die die Populisten für die liberale Demokratie und damit auch für Unternehmen so gefährlich machen.[45]

Stellen wir uns also ein Szenario vor, in dem die AfD oder eine andere populistische Partei im Rahmen demokratischer Wahlen an die Macht gelangt. Es ist dabei kaum anzunehmen, dass eine solche Partei mit auch nur annähernd

100 Prozent der Stimmen gewinnt. Wahrscheinlicher sind Wahlerfolge, wie wir sie in den vergangenen Jahren beispielsweise in der Türkei, in Österreich, in Polen, der Slowakei und Ungarn beobachten konnten – Wahlerfolge also, die auf knappen Mehrheiten beruhen. Auch Donald Trump gewann die US-Präsidentschaftswahl 2024 mit nur wenig mehr als 50 Prozent der abgegebenen Stimmen (wenngleich ihm das Mehrheitswahlrecht eine große Mehrheit im Wahlmännergremium eintrug).

Gehen die nun regierenden Populisten in solchen Konstellationen wie bisher davon aus, das »Volk« exklusiv zu repräsentieren, also einen moralischen Alleinvertretungsanspruch erheben und gleichzeitig davon überzeugt sind, von »Feinden« umgeben zu sein, folgt daraus zwangsläufig, dass jene, die sie nicht gewählt haben, direkte Feinde oder zumindest Freunde ihrer Feinde sind – und gegen diese muss man sich natürlich zur Wehr setzen.

Genau an diesem Punkt beginnen populistische Regierungen überall auf der Welt und gleich welcher Couleur, ihre spezifischen Herrschaftstechniken zu entfalten und anzuwenden. Charakteristisch ist zunächst die

1. Einschränkung der Medienfreiheit – sei es durch ökonomischen Druck, regulatorische Maßnahmen oder gezielte Kampagnen zur Delegitimierung journalistischer Akteure. Zugleich erfolgt eine schrittweise
2. Vereinnahmung staatlicher Institutionen: Verwaltungsapparate werden mit loyalen Gefolgsleuten besetzt, Kontrollinstanzen systematisch geschwächt. Hinzu treten
3. klientilistische Strukturen, in denen politische Unterstützung durch materielle Vorteile honoriert wird: durch staatliche Aufträge, Fördermittel oder privilegierten Zu-

gang zu öffentlichen Ressourcen. Diese Form der Patronage geht oftmals einher mit offener Vetternwirtschaft, in der politische Nähe über Kompetenz triumphiert. Zudem geraten

4. zivilgesellschaftliche Organisationen, die als kritisch gelten, durch Entzug finanzieller Mittel, durch bürokratische Hürden oder durch öffentliche Diffamierung unter Druck. Und schließlich wird auch
5. die politische Opposition gezielt diskreditiert, etwa durch die Konstruktion eines moralischen Antagonismus, in dem Andersdenkende nicht mehr als legitime Mitbewerber, sondern als Feinde des Volkes dargestellt werden.

Meine These lautet daher, dass Populisten unabhängig vom nationalen Kontext, ihrer politischen Couleur und sogar ihrer Programmatik diese Herrschaftstechniken aufgrund ihres politischen Alleinvertretungsanspruchs und ihrer politischen Paranoia geradezu zwangsläufig anwenden werden. Ihr Gebrauch wird sukzessive zur Aushöhlung der liberalen Demokratie führen, die Gesellschaft destabilisieren und die institutionellen Voraussetzungen einer funktionierenden sozialen Marktwirtschaft schwer beschädigen.[46]

Um diese These zu untermauern, zeige ich im Folgenden anhand internationaler Beispiele, wie systematisch diese Herrschaftstechniken eingesetzt werden, um die Institutionen liberaler Demokratien zu destabilisieren und die politische Macht der Populisten zu stärken und zu sichern.

Herrschaftstechnik 1:
Einschränkung der Medienfreiheit

Die Freiheit der Medien gilt als Gradmesser für den Zustand einer offenen Gesellschaft. Wird diese Freiheit durch innere oder äußere Einflüsse eingeschränkt, ist für die Verteidiger der offenen Gesellschaft erhöhte Wachsamkeit geboten.

Der Begriff der Medienfreiheit (Pressefreiheit) bezeichnet das grundlegende Recht von Medienschaffenden und Medienorganisationen, Informationen frei zu recherchieren, zu verarbeiten und zu verbreiten, ohne dabei durch staatliche Stellen oder andere externe Akteure behindert oder zensiert zu werden.[47]

Freie und unabhängige Medien erfüllen zentrale Funktionen in offenen Gesellschaften: Sie informieren Bürgerinnen und Bürger über politische Entwicklungen, gesellschaftliche Ereignisse und öffentliche Debatten. Dadurch ermöglichen sie es Individuen, fundierte Entscheidungen zu treffen und sich aktiv am demokratischen Prozess zu beteiligen. Zudem fungieren Medien als Kontrollinstanz gegenüber der politischen Macht.[48] In ihrer Funktion als »Wachhunde« (watchdogs) decken sie Missstände auf, machen Korruption sichtbar und fördern grundsätzlich die Transparenz staatlichen Handelns. Diese Überwachungsfunktion ist wesentlich für die Aufrechterhaltung von Rechtsstaatlichkeit und öffentlicher Rechenschaftspflicht.[49]

Vor diesem Hintergrund ist die Medienfreiheit ein konstitutives Element einer offenen Gesellschaft. Deutschland belegt zu Beginn des Jahres 2025 Rang 11 von 180 Staaten im internationalen Pressefreiheitsranking der Organisation Reporter ohne Grenzen.[50]

Populistische Bewegungen pflegen ein ambivalentes Verhältnis zu freien Medien, das zwischen offener Feindseligkeit und strategischer Instrumentalisierung oszilliert. Einerseits werden unabhängige Medien häufig als Teil der korrupten Elite betrachtet oder als Sprachrohr der gegnerischen »Mainstream«-Perspektive, die populistische Narrative und politische Vorhaben infrage stellt. Entsprechend neigen Populisten dazu, die Unabhängigkeit und Glaubwürdigkeit freier Medien systematisch zu delegitimieren und sie als politische Gegner oder gar als »Volksfeinde« zu diskreditieren.

Der US-amerikanische Präsident Donald Trump diffamiert kritische Berichterstattung regelmäßig als »Fake News« und bezeichnet Journalistinnen und Journalisten mitunter als »Feinde des Volkes«, eine Formulierung, die historisch mit autoritären Regimen assoziiert ist. Allein in seiner ersten Amtszeit twitterte Trump über 600 Mal gegen einzelne Medien wie die *New York Times*, *CNN*, *NBC* und *The Washington Post*, wobei er Journalisten u. a. als »niedrig stehendes Leben« (low lifes) oder »menschlichen Abschaum« diffamierte.[51]

Dass es sich bei dieser Herrschaftstechnik nicht um individuelle und deshalb vielleicht zu vernachlässigende Taktiken eines »mad man« im Weißen Haus handelt, zeigen die Erfahrungen aus den europäischen Ländern, in denen Rechtspopulisten an der Macht waren bzw. sind: In Österreich wurde 2019 die politische Landschaft durch den sogenannten Ibiza-Skandal erschüttert. Dieser wurde durch die Veröffentlichung eines heimlich aufgenommenen Videos mit dem damaligen FPÖ-Parteivorsitzenden Heinz-Christian Strache ausgelöst, das ihn im Gespräch mit einer vermeintlichen russischen Oligarchin in einer Villa auf Ibiza zeigt. In dem Video enthüllt Strache die Versuche und Strategien der FPÖ, die Medienlandschaft und die Berichterstattung des Landes gezielt zu manipulieren. Hervorgehoben werden insbesondere die Versuche und Planungen der FPÖ, die auflagen- und reichweitenstärkste Zeitung des Landes, die *Kronen Zeitung*, zu beeinflussen und idealerweise unter Kontrolle zu bekommen.[52] Die *Kronen Zeitung*, bekannt für ihren starken Einfluss auf die öffentliche Meinung in Österreich, sollte von der FPÖ gezielt als Plattform genutzt werden, um die politische Agenda der Partei zu fördern und kritische Berichterstattung zu unterdrücken. Das Video verdeutlicht allgemein, wie stark die österreichischen Rechtspopulisten versuchten, eine kritische Berichterstattung in den Medien durch die Besetzung von Posten mit wohlwollenden Personen, durch versteckte finanzielle Zuwendungen sowie durch Drohungen und gezielte Einschüchterungsversuche zu unterminieren.[53]

Ein ähnliches Gebaren zeigten die Rechtspopulisten der polnischen PiS-Partei nach der Übernahme der Regierungsgewalt im Jahre 2015. Mit der Reform und Verabschiedung des Pressegesetzes im Jahr 2016 schuf die Partei sich selbst erhebliche Einflussmöglichkeiten auf die öffentlichen Rundfunk- und Fernsehsender. Sie nutzte diesen Einfluss, indem sie die Leitung dieser Sender sukzessive durch Parteigänger ersetzte, die Medienaufsicht unter ihrer Kontrolle zentralisierte, die finanzielle Unabhängigkeit der öffentlich-rechtlichen Medien erheblich einschränkte und kritische Journalisten teilweise gezielt entließ, zum Rücktritt drängte oder einschüchterte. Die Einschränkung der Pressefreiheit durch das Mediengesetz von 2016 führte zu heftiger internationaler Kritik und zu erheblichen Befürchtungen hinsichtlich der Entwicklung der Demokratie und der

Meinungsfreiheit in Polen. Die PiS-Regierung wurde entsprechend beschuldigt, die Medienlandschaft des Landes politisch zu instrumentalisieren und die demokratischen Grundprinzipien massiv untergraben zu haben.[54]

Nachdem in Ungarn die populistische Fidesz-Partei mit ihrem Vorsitzenden Viktor Orbán 2010 das zweite Mal die Macht übernahm, führte sie ebenfalls massive Schläge gegen die Medienfreiheit. Fast unmittelbar nach seinem Regierungsantritt kürzte Orbán die Regierungswerbung für Medien, die kritisch gegenüber seiner Partei Fidesz eingestellt waren. Da Regierungsanzeigen einen erheblichen Teil der Einnahmen für Medienunternehmen ausmachten, hatte dieser Schritt erhebliche Auswirkungen. Private Werbekunden zogen aus Furcht vor Repressalien wegen der Unterstützung kritischer Medien nach.

Zudem richtete die Fidesz-Regierung eine Medienbehörde ein, um Medien wegen »wahrgenommener« Voreingenommenheit zu bestrafen. Im Jahr 2011 wurde zudem ein Gesetz verabschiedet, das die Genehmigung der Regierung für Medienübernahmen vorschrieb. Infolgedessen wurden viele große Medienunternehmen nach regulatorischem Druck und Steuerprüfungen von regierungsnahen Personen erworben. Die verbliebenen unabhängigen Medien zensierten sich häufig selbst, um Konflikte mit der Regierung zu vermeiden. Trotzdem intensivierte Orbán im Jahr 2018 seine Kontrolle weiter, indem Hunderte private Medienunternehmen unter einer einzigen Stiftung zusammengeführt wurden. Obwohl es in Ungarn keine offizielle Zensur gibt, bleiben nach den Maßnahmen der Fidesz-Regierung nur wenige unabhängige Nachrichtenquellen mit großer Reichweite übrig.[55] *Der Spiegel* berichtete im Oktober 2014, dass nach seinen Recherchen die öffentlich-rechtlichen Medienanstalten in Ungarn praktisch »gleichgeschaltet« seien und es um die privaten Medienunternehmen nicht viel besser stünde[56].

In Deutschland folgt die AfD einem ähnlichen Schema. Die Populisten bezeichnen führende private und mit Vorliebe die öffentlich-rechtlichen Medien diffamierend als »System-« oder »Lügenpresse«.[57] Der Begriff »Lügenpresse« wurde im Deutschland des späten 19. und frühen 20. Jahrhunderts, insbesondere während des Ersten Weltkriegs und der Weimarer Republik, von nationalistischen und antidemokratischen Kräften verwendet, um die etablierten Medien als unzuverlässig, gesteuert und als Propagandasprachrohre zu diskreditieren. Die heutigen Rechtspopulisten nutzen den Begriff in ähnlicher Art und Weise, um die Glaubwürdigkeit der manchmal so genannten Mainstream-Medien herauszufordern und um ihre eigenen Themen unters Volk zu bringen. Indem sie die Medien als »Lügenpresse« bezeichnen, versuchen sie, das Vertrauen der Öffentlichkeit in traditionelle Nachrichtenquellen zu untergraben und alternative, häufig digitale Informationskanäle zu fördern, die idealerweise politische Perspektiven der AfD unterstützen.

Andererseits verstehen es Populisten, traditionelle – auch öffentlich-rechtliche – sowie soziale Medien gezielt für ihre Zwecke zu instrumentalisieren. Sie versenden Pressemitteilungen, führen Hintergrundgespräche und treten regelmäßig in Talkshows auf. Dort erzeugen sie häufig durch provokative oder schlichtweg falsche Aussagen, kalkulierte Tabubrüche und medienwirksame Inszenierungen Aufmerksamkeit und zwingen etablierte Medien, sich in Form von Empörung, Kritik oder Analyse mit den Positionen der Populisten auseinanderzusetzen. Ziel dieses kommunikativen Engagements ist es, den öffentlichen gesellschaftlichen Diskurs mit ihren Themen – z. B. »Ausländerkriminalität«, »Migrationstsunami« – nachhaltig zu beeinflussen.

Natürlich bedienen sich auch nicht-populistische Parteien der klassischen wie der sozialen Medien, um politische Themen zu setzen und öffentliche Aufmerksamkeit zu generieren. Abgesehen von Unterschieden im kommunikativen Stil, der sich bei Populisten vor allem durch Polarisierung und Skandalisierung auszeichnet, wird ihr problematisches Verhältnis zur Medienfreiheit vor allem an einem anderen Punkt deutlich: Zwar nutzen sie die eigentlich verhassten Mainstream-Medien als Lautsprecher, verweigern den Vertretern dieser Medien an anderer Stelle aber den Zugang zu freier Berichterstattung etwa auf Pressekonferenzen und Parteitagen.

Donald Trump verwehrt renommierten Medien, darunter *CNN*, die *New York Times* und *Politico*, regelmäßig den Zugang zu den Pressebriefings im Weißen Haus, während regierungsfreundliche Medien wie *Breitbart News* zugelassen werden. 2025 wurden Journalisten von *Associated Press* zudem von Presseveranstaltungen im Weißen Haus weitgehend ausgeschlossen, weil sie sich weigerten, den Golf von Mexiko in »Golf von Amerika« umzubenennen, wie es Trump angeordnet hatte.[58]

In Deutschland zeigt die AfD ein ähnliches Gebaren. In Bayern, Thüringen und Mecklenburg-Vorpommern schloss die AfD einige kritische Medien von allen Parteiveranstaltungen aus (und wurde dafür mit Ordnungsgeldern belegt).[59] Aber selbst wenn Medienvertreter anwesend sein dürfen, geschieht dies nicht ohne Kalkül.

Benjamin Lassiwe, Journalist und Vorsitzender der Landespressekonferenz Brandenburg, spricht von einer »empfundenen offenen Feindschaft« gegenüber den Medien. Das zeige sich besonders deutlich bei Pressekonferenzen der AfD: »Bei mir persönlich entsteht der Eindruck, dass Journalistinnen und Journalisten nicht dort sind, damit wir informiert werden und anschließend unseren Lesern, Zuschauern und Hörern über die Positionen der AfD berichten können, sondern dass wir im Grunde genommen Staffage sind, dass wir Statisten sind für einen Stream, den die AfD-Fraktion selbst aus dieser Pressekonferenz anbietet.«[60]

Den Populisten geht es also nicht darum, Transparenz zu schaffen und einen freien Diskurs zu ermöglichen, sondern es geht ihnen um die Kontrolle dessen, was (und wie) über sie berichtet wird. Der Medienwissenschaftler Johannes Hiljen beschreibt das Gebaren der deutschen Rechtspopulisten wie folgt: »Kontrolle ist ein leitendes Motiv für die AfD bei ihrem Umgang mit den Medien. Es gibt Medienformate, bei denen sie mehr Kontrolle hat (zum Beispiel Talkshows), und solche, bei denen sie weniger Kontrolle hat (etwa Berichte über Parteiveranstaltungen). Ihre Antwort auf ein geringes Maß an Kontrolle ist die Restriktion der Arbeit von Journalisten, sprich die Einschränkung der Pressefreiheit. So verwehrt sie bei Parteitagen oder anderen Veranstaltungen Journalisten die Akkreditierung, wirft sie aus dem Saal oder maßregelt sie von der Bühne aus. Nur kontrollierbare, das heißt unkritische Medien sind bei der AfD willkommene Medien.«[61]

Die aus dieser Haltung letztendlich folgenden politischen Mittel lassen sich durch die Äußerung eines AfD-Kreisvorstandes aus Sachsen-Anhalt gut zusammenfassen: »Mit der Machtübernahme muss ein Gremium alle Journalisten und Redakteure überprüfen und sieben. Chefs sofort entlassen, volksfeindliche Medien verbieten.«[62] Noch radikaler formuliert es die AfD Hochtaunuskreis auf Facebook: »Zu Beginn einer Revolution haben die Staatsberichterstatter noch die Chance, sich vom System abzuwenden und die Wahrheit zu berichten! Bei uns bekannten Revolutionen wurden irgendwann die Funkhäuser sowie die Presseverlage gestürmt und die Mitarbeiter auf die Straße gezerrt. Darüber sollten die Medienvertreter hierzulande einmal nachdenken, denn wenn die Stimmung endgültig kippt, ist es zu spät!«[63]

Um den Einwand zu entkräften, dass diese radikalen Äußerungen Einzelfälle sind, empfiehlt sich ein Blick auf die Aussagen des AfD-Bundesprechers Tino Chrupalla. Dieser bezeichnet Journalisten gerne als »Gegner«, die schon jetzt ihre »hässliche Fratze« offenbaren, kündigt eine »schwarze Liste«[64] für Journalisten an und bezeichnet »Hintergrundinformationen über als Journalisten getarnte Zersetzungsagenten« als »natürlich immer willkommen«.[65]

Der Bundesvorsitzende des Deutschen Journalisten-Verbands DJV, Mika Beuster, fasste im Februar 2024 die Situation so zusammen: »Die feindselige Haltung von AfD-Anhängern zur Pressefreiheit stellt seit Bestehen der Partei ein Risiko für Medienvertreter dar.«[66]

Herrschaftstechnik 2: Vereinnahmung des Staates

Eine unter Populisten besonders beliebte und deshalb verbreitete Herrschaftstechnik besteht darin, den Staat für sich zu vereinnahmen. Unter dem Schlagwort »Occupy the State« beschreiben Jan-Werner Müller[67] und andere den strategischen Zugriff populistischer Akteure auf möglichst weite Bereiche des Staatsapparats mit dem Ziel, Schlüsselpositionen nicht mit neutralen Fachkräften, sondern mit loyalen Gefolgsleuten zu besetzen. Zwar ist es nicht unüblich, dass auch nicht-populistische Parteien nach Wahlsiegen ihren Einfluss auszuweiten suchen und Schlüsselstellen in der Verwaltung mit parteinahen Personen besetzen.

Die Intensität und Offenheit, mit der populistische Bewegungen diesen Zugriff auf den Staat betreiben, ist jedoch bemerkenswert und gefährlich. Populisten betrachten sich selbst als einzig legitime Repräsentanten des »wahren Volkes« und leiten daraus das Recht ab, die staatlichen Institutionen im Sinne dieses Volkswillens möglichst vollständig zu kontrollieren, um sich gegenüber den Feinden in diesen Organisationen – etwa dem »Deep State« – verteidigen zu können.[68]

Auch diese Herrschaftstechnik lässt sich derzeit brennglasartig in den USA beobachten. Bereits während seiner ersten Amtszeit (Trump I) attackierte der US-amerikanische Präsident zahlreiche Bastionen der offenen Gesellschaft, wie etwa die Wissenschaftsfreiheit, die Pressefreiheit, den Minderheitenschutz und die Unabhängigkeit der Justiz. Doch während unter Trump I Teile des Verwaltungsapparats, der Justiz und der Zivilgesellschaft widerständig agierten, sind diese Kräfte nach dem zweiten Amtsantritt 2025 deutlich und gezielt geschwächt worden. Diese zweite Amtszeit Donald Trumps (Trump II) ist nicht von improvisierter Konfrontation geprägt, sondern von strategischer Vorbereitung und personeller Durchdringung: Schlüsselstellen in Ministerien, Behörden und Gerichten wurden und werden schnell mit loyalen Gefolgsleuten besetzt, deren Hauptqualifikation in ihrer politischen Linientreue liegt und nicht in ihrer fachlichen Eignung für die entsprechenden Positionen und Aufgaben. Diese Entwicklung ist nicht zufällig, sondern systematisch geplant.

Wie drastisch dabei vorgegangen wird, offenbart sich am Beispiel des von der konservativen US-Denkfabrik Heritage Foundation entwickelte und im April 2023 veröffentlichte Project 2025. Ziel dieses Projekts ist es, im Fall des Wahlsiegs Donald Trumps die US-Bundesregierung grundlegend umzugestalten, die Exekutivgewalt zu zentralisieren, die Institutionen von Grund auf zu verändern und die Politik der Vereinigten Staaten langfristig auf einen dezidiert konservativen Kurs zu bringen. Zehntausende Beamte, bislang politisch neutral und dem öffentlichen Wohl verpflichtet, wurden durch über Jahre gecastete loyale Vertreter ersetzt. Die Verwaltung der USA wird entsprechend nicht länger durch das Ideal der Unparteilichkeit geprägt sein, sondern durch eine ideologische Neuausrichtung im Sinne der Trumpisten, die tief in den Staatsapparat vordringt.[69]

Obwohl sich Donald Trump nicht mit dem Project 2025 verbunden sieht, lässt ein Blick auf die Architekten dieses Vorhabens – ehemalige Mitglieder von Trumps erster Regierung und enge Verbündete aus seinem politischen Umfeld – eine andere Geschichte erahnen.

Während die Kritiker in Project 2025 eine Gefahr für demokratische Institutionen sehen und vor der schleichenden Erosion von Rechtsstaatlichkeit warnen, feiern die MAGA-Anhänger es als längst überfällige Korrektur und betrachten es als eine Rückeroberung der Exekutive für eine Politik, die ihrer Meinung nach allzu lange von lähmender Bürokratie und woken Idealen behindert wurde.[70]

Nach etwas mehr als sechs Monaten seit dem Beginn von

Trumps zweiter Amtszeit hat sich bereits gezeigt, wie radikal der Präsident und seine Getreuen diese Agenda umsetzen.

Ein besonders eindrückliches Beispiel für die populistische Vereinnahmung staatlicher Institutionen durch wirtschaftliche Akteure liefert das sogenannte Department of Government Efficiency (DOGE), das im Januar 2025 unter der Präsidentschaft von Donald Trump eingerichtet und (für einige Zeit) unter die Leitung von Elon Musk gestellt wurde. Musk, der zuvor bereits durch die Übernahme der Plattform X (ehemals Twitter) politische Aufmerksamkeit auf sich gezogen hatte, erhielt damit ohne klare gesetzliche Grundlage oder institutionelle Kontrolle ein offizielles Regierungsmandat. Unter dem Vorwand, die Effizienz der öffentlichen Verwaltung zu steigern, entließ Musk innerhalb weniger Wochen beinahe mehrere Zehntausend Regierungsangestellte, darunter zahlreiche Mitarbeitende aus zentralen Bundesbehörden.[71] Die Entlassungen erfolgten nicht auf Basis nachvollziehbarer Kriterien, sondern zum Teil über informelle Kanäle auf der Plattform X. Die Arbeit von DOGE, die auch noch von anderen Trump ergebenen Mitarbeitern unterstützt wird, kann deshalb nicht nur als Bürokratieabbau gewertet werden, sondern muss auch als politische Säuberung staatlicher Strukturen begriffen werden.[72]

Dass diese politischen Säuberungen keine zufälligen Einfälle eines »Verrückten« in Weißen Haus sind, lässt sich an den Beispielen Ungarn, Polen und Österreich illustrieren: Für Jarosław Kaczyński (PiS) in Polen, für Viktor Orbán (Fidesz) in Ungarn sowie für das Duo Sebastian Kurz (Neue ÖVP) und Heinz-Christian Strache (FPÖ) in Österreich bestand eine der ersten Maßnahmen nach der Übernahme der Regierungsgeschäfte darin, die entsprechenden Beamtengesetze in ihren Ländern zu ändern, damit getreue Gefolgsleute in den Regierungsbehörden platziert werden konnten.[73]

Herrschaftstechnik 3: Einschränkung der Rechtsstaatlichkeit

Rechtsstaatlichkeit ist wesentlich für liberale Demokratien. Rechtsstaatlichkeit bezeichnet das Prinzip, dass staatliches Handeln an kodifiziertes Recht gebunden ist und durch unabhängige Gerichte kontrolliert wird. Sie garantiert Gleichheit vor dem Gesetz, Rechtssicherheit, Gewaltenteilung sowie den Schutz individueller Grundrechte.

In einem funktionierenden Rechtsstaat sind alle Menschen in ihrem Handeln – und das schließt die Regierenden selbstverständlich mit ein – an Recht und Gesetz gebunden. Diese Bindung an allgemeine und vorhersehbare Regeln ist unverzichtbar, um Macht zu begrenzen, Willkür zu verhindern und individuelle Freiheiten dauerhaft zu sichern. Populisten hingegen empfinden rechtsstaatliche Verfahren oftmals als lästige Hürde. Da sie sich ohnehin als alleinige Vertreter des »wahren Volkes« verstehen, betrachten sie unabhängige Gerichte, kritische Verwaltungen und Verfassungsorgane schnell als unnötige Hürden auf dem Weg zu einer direkten, vermeintlich authentischen Umsetzung des Volkswillens.

Um die Rechtsstaatlichkeit zu schwächen, greifen populistische Regierungen zu verschiedenen Mitteln: Sie untergraben die Unabhängigkeit der Justiz durch politisch motivierte Richterernennungen, sie beschneiden die Kompetenzen von Verfassungsgerichten, greifen disziplinarisch in Verwaltungsapparate ein oder ändern Verfahrensregeln zu ihren Gunsten. Ziel ist stets die Aushöhlung der institutionellen Vorkehrungen, die in liberalen Demokratien vor Machtmissbrauch schützen. Dieses Außerkraftsetzen rechtsstaatlicher Prinzipien ist ein Prozess, der unter der Oberfläche legaler Verfahren die offene Gesellschaft massiv bedroht. Kritiker dieser Maßnahmen – selbst Richter –, die auf die Einhaltung von Verfahrensrichtlinien pochen, werden beispielsweise als vermeintliche »egoistische Vertreter der alten, korrupten Eliten gebrandmarkt oder gleich als Verräter an der Nation beschimpft.«[74]

Vor diesem Hintergrund überrascht es überhaupt nicht, dass Donald Trump in den USA versucht, die Rechtsstaatlichkeit zu schwächen. Dabei greift er einerseits Richterinnen und Richter, die gegen seine politischen Maßnahmen entscheiden, in teils persönlicher und herabsetzender Weise an und schreckt auch vor Entlassungsforderungen nicht zurück. Nachdem zum Beispiel der US-Bundesrichter James Boasberg die Abschiebepraxis von Migranten der Trump-Regierung scharf kritisierte und aussetzte, forderte Trump seine Entlassung und nannte ihn einen »linksradikalen Irren«.[75]

Trump greift zudem ihm unliebsame Anwaltskanzleien an: Im Frühjahr 2025 unterzeichnete er mehrere Executive Orders, mit denen renommierte Kanzleien wie Perkins Coie, Paul, Weiss oder Covington & Burling von staatlichen Aufträgen ausgeschlossen und ihren Mitarbeitenden Sicherheitsfreigaben entzogen wurden. Die American Bar Association reichte daraufhin Klage ein und kritisierte das Vorgehen scharf als Angriff auf die rechtsstaatlich garantierte Unabhängigkeit anwaltlicher Vertretung. Beobachter werten dieses Vorgehen als autoritäre Repressionsstrategie, die darauf zielt, kritische juristische Institutionen systematisch einzuschüchtern und damit rechtsstaatliche Kontrolle auszuhöhlen.[76]

Damit verschiebt Trump ganz bewusst die Rolle des Rechtssystems vom neutralen Rahmen politischer Auseinandersetzung hin zu einem Schlachtfeld, auf dem sich vermeintlich Feinde gegenüberstehen und auf dem Loyalität mehr zählt als Legalität. In der Konsequenz droht eine Erosion jenes Grundprinzips, das den Rechtsstaat trägt: Dass alle – auch führende Politiker, und selbst Staatschefs – dem Recht unterstehen und dass der Zugang zu professioneller rechtlicher Vertretung ein integraler Bestandteil liberal-demokratischer Ordnung ist.

Und natürlich ist Trump mit der Anwendung dieser Herrschaftstechnik nicht allein. Vielmehr gehören die gezielte Einschüchterung und die Delegitimierung unabhängiger juristischer Institutionen zum festen Repertoire des autoritären »Playbooks«, das weltweit von populistischen Regierungen genutzt wird. In Polen etwa versuchte die PiS-Regierung unter Jarosław Kaczyński über Jahre hinweg, die Justiz durch die politische Besetzung des Verfassungsgerichts und die Disziplinierung von Richtern zu kontrollieren und die Justiz damit von der Exekutive abhängig zu machen.[77] In Ungarn wiederum baute Viktor Orbán das Justizsystem durch Gesetzesreformen und die Besetzung zentraler Stellen mit loyalen Akteuren systematisch um.[78]

Das Ziel dieser Herrschaftstechnik ist immer das gleiche: Eine unabhängige Kontrolle oder sogar Einschränkung des Regierungshandelns soll weitestgehend ausgeschaltet werden.

Herrschaftstechnik 4:
Klientelpolitik, Patronage und Vetternwirtschaft

Ein weitere bei Populisten jeglicher Couleur beliebte Herrschaftstechnik ist die Herstellung und Sicherung von Loyalitäten durch Klientelismus und die Patronage bestimmter Eliten. Unter Klientelismus wird eine längerfristige, persönliche und asymmetrische Beziehung zwischen zwei Akteuren, Patron und Klient, verstanden, in deren Zentrum ein gegenseitiger Austausch von Ressourcen steht. Bei dieser Herrschaftstechnik geht es »zweifelsohne um einen machtpolitischen Kuhhandel: politische Unterstützung gegen Vergünstigungen für die gefügigen Bürger«[79] und Eliten. Das zentrale Problem besteht darin, dass politische Entscheidungen nicht am Gemeinwohl, sondern ausschließlich an den Interessen einzelner Gruppen ausgerichtet werden, wiederum verbunden mit dem Ziel, dass die »beschenkte« Gruppe sich als politisch entgegenkommend erweist.[80]

So fällt der türkische Ministerpräsident Recep Tayyip Erdogan immer wieder durch die Verteilung von Wahlgeschenken in ländlichen und weniger privilegierten Regionen des Landes auf. Durch die sehr gezielte Verteilung von Lebensmitteln, direkten finanziellen Zuwendungen oder durch Infrastrukturprojekte inszeniert sich der Politiker als Kümmerer und Fürsprecher der konservativen Landbevölkerung und sichert damit seine Wählerschaft.[81]

Fast schon legendär sind die Bargeldgeschenke des mittlerweile verstorbenen österreichischen Rechtspopulisten und Kärntner Landeshauptmanns Jörg Haider (FPÖ). Gegen Mitte der 2000er-Jahre begann Haider damit, öffentlich 100-Euro-Scheine auszuteilen. Diese von ihm als Inflationsausgleichszulagen-, Müttergeld-, Wohnbeihilfen- oder Familienzuschüsse bezeichneten direkten Zahlungen wurden in der Regel ohne Bedürftigkeitsnachweis und häufig im Beisein geneigter Medienvertreter in Wirtshäusern geleistet, die überwiegend in dezidiert ländlichen Regionen zu Hause waren.[82]

In Ungarn dienen staatliche Förderprogramme wie das »Hungarian Village Program« (HVP) und das familienpolitische CSOK-Programm nicht allein sozialen oder infrastrukturellen Zwecken, sondern werden auch als Mittel klientelistischer Politik eingesetzt. Insbesondere das HVP stellte 2019 rund 65 Milliarden Forint (rund 160 Millionen Euro) für kleinere Gemeinden zur Verfügung. Wissenschaftliche Analysen legen nahe, dass die Verteilung dieser Mittel stark an politische Loyalität geknüpft war: Gemeinden mit regierungsnahen Bürgermeistern erhielten signifikant höhere Förderbeträge als solche, die von der Opposition geführt wurden. Diese Praxis stärkte gezielt die lokalen Wählerschichten der Regierungspartei Fidesz, schwächte oppositionelle Strukturen auf kommunaler Ebene und verfestigte somit asymmetrische politische Machtverhältnisse.[83]

Zu dieser eher massenwirksamen Herrschaftstechnik der Populisten gesellen sich die Patronage bestimmter Eliten und die Vetternwirtschaft. Obwohl Populisten sich ja eigentlich als einzige legitime Volksvertreter betrachten und ihre vermeintliche Legitimation durch eine scharfe Abgrenzung gegenüber vermeintlich korrupten Eliten erhalten, fördern sie einige Vertreter dieser Eliten direkt.[84] Populistische Führer greifen häufig auf diese nepotistischen Strategien zurück, um ihre politische Basis zu stabilisieren und ihre Machtposition abzusichern. Durch die gezielte Vergabe von Ämtern, Ressourcen und politischen Zugeständnissen an loyale Unterstützer und einflussreiche Eliten entsteht ein Netzwerk von Abhängigkeiten, das systematisch auf Loyalität statt auf Kompetenz basiert. Diese Praxis dient nicht nur der Belohnung von Gefolgschaft, sondern stellt ein zentrales Herrschaftsinstrument dar, mit dem oppositionelle Kräfte geschwächt und demokratische Kontrollmechanismen unterlaufen werden.[85]

Natürlich macht auch Donald Trump starken Gebrauch von dieser Herrschaftstechnik. So besetzt der US-Präsident administrative und sicherheitspolitische Positionen mit Personen, die primär durch ihre persönliche oder durch die Loyalität ihrer Netzwerke auffielen. Der US-Vizepräsident JD Vance wurde und wird durch ein Netzwerk einflussreicher und Trump-freundlicher Tech-Milliardäre wie Elon Musk und Peter Thiel unterstützt.[86]

Ein weiteres prominentes Beispiel ist Richard Grenell, ein früherer US-Botschafter in Deutschland und lautstarker Verteidiger Trumps. Grenell wurde ohne nachrichtendienstliche Erfahrung als kommissarischer Direktor der US-Geheimdienste eingesetzt.[87] Zudem ernannte Trump Louis DeJoy, einen Großspender der Republikanischen Partei, bereits 2020 zum Chef der US-Post. DeJoys kurz vor der Präsidentschaftswahl eingeleitete Restrukturierungen führten zu Verzögerungen bei der Briefwahlzustellung, was breite Kritik an einem möglichen politischen Motiv bei der Ernennung DeJoys auslöste.[88]

In Polen zeigt sich Patronage besonders deutlich in der politischen Praxis der PiS, die seit 2015 systematisch zentrale und dezentrale öffentliche Positionen mit loyalen Parteigängern und Parteigängerinnen besetzt hat. Diese gezielte Personalauswahl betrifft nicht nur Ministerien und Behörden, sondern auch öffentliche Unternehmen und

Verwaltungen auf kommunaler Ebene. Politische Loyalität avancierte dabei zur entscheidenden Qualifikation für öffentliche Ämter, wodurch ein klientelistisches Netzwerk entstanden ist, das die Kontrolle der Partei über staatliche Ressourcen und Verwaltungsapparate sichert. Jüngere Studien bestätigen diese Entwicklung und zeigen, dass PiS nach 2015 ein besonders effektives Patronagesystem etabliert hat, das nicht nur die politische Konkurrenz strukturell benachteiligt, sondern auch demokratische Kontrollmechanismen fast vollständig unterläuft.[89]

Eng verbunden mit dem System politischer Patronage ist die Praxis der Vetternwirtschaft. In Ungarn zeigt sich dies exemplarisch am Umfeld von Ministerpräsident Viktor Orbán: Zahlreiche Kindheitsfreunde und enge Vertraute Orbáns erlebten seit dessen Machtübernahme einen bemerkenswerten ökonomischen Aufstieg und zählen heute zu den wohlhabendsten Unternehmern des Landes. Besonders auffällig ist der Fall des Minenunternehmens seines Vaters, das trotz vergleichsweise hoher Kosten regelmäßig öffentliche Ausschreibungen gewinnt und zugleich die höchste Gewinnmarge der gesamten Branche erzielt.[90]

Wenig überraschend agiert auch Donald Trump hier besonders aktiv und beschafft Familienmitgliedern zentrale politische Posten: Jared Kushner, Trumps Schwiegersohn, erhielt während Trumps erster Amtszeit trotz fehlender außenpolitischer oder diplomatischer Erfahrung eine Schlüsselrolle als Senior Advisor im Weißen Haus, mit Zuständigkeit u.a. für die Nahostpolitik, die Gefängnisreform und den Umgang mit der COVID-19-Pandemie. Auch Trumps Tochter, Ivanka Trump, wurde als Beraterin ins Weiße Haus eingebunden und nahm an hochrangigen Treffen mit internationalen Staats- und Regierungschefs teil[91]

Herrschaftstechnik 5: Diffamierung der Zivilgesellschaft und Diskreditierung der Opposition

Es ist nur auf den ersten Blick erstaunlich, dass die Populisten durch ihren Klientelismus, ihre Patronage und Vetternwirtschaft nur selten politischen Schaden nehmen – schließlich tun sie vermeintlich alles für ihre Klientel. Wenn sich dennoch ein Widerstand aus der Zivilgesellschaft entwickelt, wissen Populisten auch damit umzugehen. Damit sie ihren Alleinvertretungsanspruch aufrechterhalten können, muss jedwede Opposition schnellstmöglich und umfassend diskreditiert werden.[92] Dementsprechend besteht ein zentrales Element populistischer Machtsicherung darin, oppositionelle Kräfte systematisch zu delegitimieren und die kritische Zivilgesellschaft zu schwächen – sei es durch rechtliche Einschränkungen, mediale Diffamierungen oder den Missbrauch staatlicher Institutionen.

In Ungarn etwa verabschiedete die Regierung unter Viktor Orbán ein Gesetz, das Nichtregierungsorganisationen (NGOs), die finanzielle Unterstützung aus dem Ausland erhalten, dazu verpflichtet, sich als »aus dem Ausland finanzierte Organisationen« zu registrieren. Dieses Gesetz zielte insbesondere auf regierungskritische Organisationen wie Amnesty International und die Open Society Foundation ab und wurde von Menschenrechtsgruppen als Angriff auf die Zivilgesellschaft kritisiert. Die Opposition wird zugleich regelmäßig als »Vaterlandsverräter« oder »Söldner fremder Interessen« dargestellt. Mit diesem Narrativ wird das Ziel verfolgt, die Opposition nicht nur politisch zu entwerten, sondern auch moralisch zu isolieren.[93]

Ähnliche Tendenzen lassen sich auch in anderen populistisch regierten Ländern der Europäischen Union und darüber hinaus beobachten. Der PiS-Vorsitzende Jarosław Kaczyński bezeichnete Abgeordnete der Opposition im Parlament als »Verräter« und »Schurken«, nachdem diese Kritik an der Justizreform geäußert hatten.[94] Zudem wird der derzeitige Premierminister Donald Tusk von der PiS-Partei immer wieder als »deutscher Agent« bezeichnet – was vor dem Hintergrund der deutsch-polnischen Geschichte als besonders verletzend gilt.[95]

Auch Donald Trump nutzt diese Herrschaftstechnik systematisch. Seine Diskreditierungsstrategien richten sich gegen Vertreter der Demokratischen Partei, kritische Republikaner, Medienvertreter sowie unabhängige Institutionen wie das FBI, die Justiz oder die Nachrichtendienste. Ein frühes Beispiel ist seine wiederholte Diffamierung von Hillary Clinton, seiner Gegenkandidatin bei der Präsidentschaftswahl 2016. Auf Wahlkampfveranstaltungen forderte er lautstark: »Lock her up!«, ein Slogan, der seine Anhänger zu der Vorstellung ermutigte, politische Rivalen kriminalisieren zu können.

Immer wieder nahm Trump zudem die ehemalige Sprecherin des Repräsentantenhauses Nancy Pelosi mit einer Mischung aus Spott, Verachtung und kalkulierter Diffamierung ins Visier. Sein Lieblingsspitzname für sie – »Crazy Nancy« – war nicht nur eine Beleidigung, sondern Teil eines größeren Narrativs, das sie als unberechenbar, inkompetent und unfähig zur politischen Führung charakterisieren sollte. In seinen Reden und auf den Social-Media-Kanälen ließ Trump kaum eine Gelegenheit aus, Pelosi als Symbol für das vermeintliche Chaos und die Korruption der Demokratischen Partei darzustellen. Besonders während der Impeachment-Verfahren gegen ihn überschlug er sich in hämischen Kommentaren und unterstellte ihr eine Art Hexenjagd, die die Nation spalte.

Nach dem Angriff auf das Kapitol am 6. Januar 2021 drehte er die Erzählung um und machte Pelosi – das eigentliche Ziel des Mobs – für die Sicherheitslücken verantwortlich. Einer der Tiefpunkte dieser Kampagne war Trumps Verhalten nach dem brutalen Angriff auf Pelosis Ehemann Paul Pelosi im Jahr 2022: Statt Mitgefühl zeigte er Spott, verbreitete Verschwörungserzählungen und stellte den Angriff in den Kontext politischer Intrigen. Trumps Angriffe auf Pelosi waren nie nur persönliche Fehden, sondern vielmehr eine bewusste Strategie, um eine politische Gegnerin zu delegitimieren und die eigene Basis zu mobilisieren. Seine Worte waren nicht bloß Beleidigungen, sondern Waffe und Inszenierung zugleich.

Im Verlauf seiner Präsidentschaft wiederholte Trump diese Form der Rhetorik auch gegenüber anderen politischen Figuren, etwa gegen den damaligen FBI-Direktor James Comey, den er 2017 entließ, nachdem dieser Ermittlungen zur Russlandaffäre gegen Trump eingeleitet hatte. Comey wurde von Trump öffentlich als »Lügner« und »Verräter« bezeichnet.[96]

Kritiker innerhalb der Republikanischen Partei wie Liz Cheney, die Trumps Verhalten rund um den Sturm auf das Kapitol am 6. Januar 2021 verurteilte, wurden aus parteiinternen Positionen gedrängt und öffentlich als »RINOs« (»Republicans In Name Only«) verspottet.[97] Zudem intensivierte Trump seine Angriffe auf das Justizministerium, insbesondere auf den Justizminister Merrick Garland, als dieser Ermittlungen gegen Trumps Umfeld einleitete. Der Vorwurf lautete, es handle sich um eine »Hexenjagd« und einen »Deep State«, der sich gegen ihn verschworen habe.[98]

In Deutschland nutzt die AfD bereits jetzt systematisch vergleichbare Taktiken, um politische Gegner zu diskreditieren und sich selbst als einzig legitime Vertretung des Volkes zu inszenieren.

Ein markantes Beispiel ist die Verwendung des Begriffs »Altparteien«, mit dem die AfD etablierte Parteien pauschal als korrupt und volksfern darstellt. Diese Rhetorik zielt darauf ab, das Vertrauen in das politische System zu untergraben und den Alleinvertretungsanspruch der AfD zu implementieren. Zudem bedient sich die Partei, orientiert am Vorbild der MAGA-Bewegung, der Verschwörungserzählung vom sogenannten Deep State, um staatliche Institutionen wie die Justiz oder den Verfassungsschutz als Teil eines angeblichen geheimen Machtapparats darzustellen, der gegen die Interessen des Volkes agiert. So bezeichnete Björn Höcke politische Gegner als »Volksverderber«.[99] Stephan Protschka, AfD-Landesvorsitzender in Bayern und ehemaliges Mitglied der aufgelösten nationalistischen AfD-Gruppierung »Der Flügel«, nannte Ministerpräsident Markus Söder einen »Landesverräter« und »Södolf«[100], und Roland Magerl, AfD-Politiker in Bayern, bezeichnete Journalisten als »Ratten«.[101] Diese Aufzählung ließe sich noch lange fortführen.

Die Herrschaftstechniken der Populisten und der Schaden für die Unternehmen

Die Beobachtungen in anderen Ländern zeigen, dass Populisten aufgrund ihres politischen Alleinvertretungsanspruchs sowie wegen ihrer politischen Paranoia – unabhängig von ihrer Couleur – diese Herrschaftstechniken in allen denkbaren Konstellationen und in aller Intensität einsetzen, um sich vor ihren (imaginären) Feinden zu schützen. Dadurch werden Populisten – auch unabhängig von ihren konkreten Parteiprogrammen – nicht nur zu einer erheblichen Bedrohung für die liberale Demokratie und für die Freiheit aller Bürger und Bürgerinnen, sondern sie gefährden, sobald sie Herrschaft ausüben, auch systematisch die erfolgreiche unternehmerische Tätigkeit in einer sozialen Marktwirtschaft.

Die *Medienfreiheit* ist ein unverzichtbarer Pfeiler liberaler Demokratien: Sie sichert die öffentliche Kontrolle politischer und ökonomischer Macht, ermöglicht informierte Meinungsbildung und schafft Räume für pluralistische Debatten. Ohne einen unabhängigen Journalismus verliert die Öffentlichkeit ein zentrales Korrektiv sowohl gegenüber staatlichem als auch über unternehmerischen Machtmissbrauch. Für offene Gesellschaften ist dies normativ unabdingbar und für Unternehmen in einer sozialen Marktwirtschaft funktional relevant. Auch Unternehmen sind auf verlässliche Informationen über gesellschaftliche, politische und wirtschaftliche Entwicklungen angewiesen, um strategisch fundierte Entscheidungen treffen zu können und Risiken rechtzeitig zu identifizieren. Wo Medien gleichgeschaltet oder deren Vertreterinnen und Vertreter eingeschüchtert werden, geht diese Funktion verloren, die Ordnungspolitik des Staates wird unvorhersehbar und das Vertrauen in rechtsstaatliche Verfahren untergraben. Daher ist die Freiheit der Medien nicht nur ein abstraktes Gut, das Unternehmen aus einer ethisch begründbaren Unternehmensverantwortung heraus mittragen sollten. Vielmehr berührt sie ganz unmittelbar ihre wirtschaftlichen Interessen. Eine freie, gut funktionierende Presse trägt zur Stabilität jenes institutionellen Rahmens bei, innerhalb dessen unternehmerisches Handeln legitimiert, abgesichert und planbar ist. Sie deckt Machtmissbrauch, Korruption und Vetternwirtschaft auf, ermöglicht öffentlichen Widerspruch und schafft damit jene Transparenz, die faire Wettbewerbsbedingungen fördert.

Die von Populisten herbeigeführte Erosion rechtsstaatlicher Strukturen ist ebenfalls nicht nur eine Gefahr für die liberale Demokratie, sondern auch für unternehmerisches Handeln. Schlimmstenfalls verlieren Unternehmen den Anspruch auf faire Verfahren, verlässliche Rechtsdurchsetzung und effektiven Eigentumsschutz – drei Bedingungen, die für erfolgreiches Unternehmertum und nicht zuletzt auch für Investitionsentscheidungen zentral sind. Wenn die Justiz politisch instrumentalisiert wird, etwa zur Einschüchterung missliebiger Unternehmer oder zur nachträglichen Neuauslegung rechtlicher Standards, wird ökonomische Rationalität durch politische Opportunität ersetzt. Die Folgen sind eine Schwächung von Vertragsverbindlichkeit und ein Verlust an Vertrauen in institutionelle Garantien. Unternehmen können daran kein Interesse haben.

Klientelismus, Patronage und *Vetternwirtschaft* stellen absehbar schwerwiegende Gefährdungen für die Integrität zentraler Institutionen inklusive der Sicherheitsbehörden, der Verwaltungen und mittelfristig der Funktionsfähigkeit rechtsstaatlicher Ordnungen im Allgemeinen dar. Sie entkoppeln behördliche und politische Entscheidungsprozesse systematisch von sachlichen Kriterien, fachlicher Eignung und dem Gemeinwohlprinzip. Wenn politische Macht dazu genutzt wird, einzelne gesellschaftliche Gruppen, politische Unterstützer oder persönliche (Unterstützer-)Netzwerke zum Beispiel durch Postenvergabe, wirtschaftliche Vorteile oder rechtliche Ausnahmeregelungen zu privilegieren, gerät die Idee politischer Gleichheit ins Wanken. Zudem wird damit ein zentraler Legitimationsgrundsatz freiheitlicher Ordnungen verletzt: Dass politische Entscheidungen transparent, verantwortungsvoll und im Interesse aller Bürgerinnen und Bürger getroffen werden.

Für Unternehmen hat dies tiefgreifende Konsequenzen, da sie auf stabile, verlässliche und nachvollziehbare Rahmenbedingungen angewiesen sind, um unternehmerische Entscheidungen planen, Kapital bilden und langfristige Investitionen tätigen zu können. Wird hingegen der Zugang zu staatlichen Ressourcen oder regulativen Vorteilen durch persönliche Nähe zur politischen Macht vermittelt – anstelle von nachvollziehbaren, objektiven Kriterien –, droht ein dysfunktionales Wirtschaftssystem, in dem Effizienz, Innovationskraft und Wettbewerbsfähigkeit durch politische Opportunität und Loyalität zu den Herrschenden ersetzt werden.

Unternehmen agieren in liberalen Demokratien nicht im luftleeren Raum, sondern sind auf stabile, berechenbare Rahmenbedingungen angewiesen und können sich auf diese verlassen: funktionierende Institutionen, Rechtssicherheit, transparente Entscheidungsprozesse und eine kritische, aber konstruktive Öffentlichkeit. Zivilgesellschaftliche Organisationen, wie Gewerkschaften, Umweltverbände, Menschenrechtsorganisationen oder Verbraucherinitiativen, übernehmen in dieser Konstellation eine intermediäre Rolle: Sie vermitteln gesellschaftliche Erwartungen, decken Missstände auf und fördern damit nicht zuletzt auch verantwortliches unternehmerisches Handeln. Die durch populistische Regime gezielte Schwächung der Institutionen und zivilgesellschaftlichen Organisationen durch Diffamierung, gesetzliche Einschränkungen oder finanzielle Austrocknung schafft den produktiven Resonanzraum zwischen Gesellschaft und Wirtschaft ab. Die Folge sind eine Zunahme von Unsicherheit sowie ein Verlust gesellschaftlicher Rückkopplung und Wissens-Vielfalt – dies wirkt sich negativ auf Innovationsvermögen und eine passgenaue Strategieentwicklung aus.

Vielleicht noch gravierender sind die Folgen der politischen Marginalisierung und Denunzierung oppositioneller Kräfte. Wenn Oppositionsparteien pauschal als »Volksverräter« oder »Systemfeinde« gebrandmarkt werden, steht mehr auf dem Spiel als nur ein rauer Ton in der politischen Auseinandersetzung. Solche Zuschreibungen unterminieren das Fundament pluralistischer Demokratie, das auf der Anerkennung legitimer Konkurrenz und institutionalisierter Opposition beruht.

Die Diskreditierung politischer Gegenspieler als moralisch illegitim, als »Feinde des Volkes« oder gar als »inneres Übel« ist kein bloßes Stilmittel. Sie markiert einen umfassenden Angriff auf die Ideen des Liberalismus und der Aufklärung: Die Vorstellung nämlich, dass politische Differenz ein Ausdruck von Freiheit ist – und nicht von Verrat. Die Geschichte autoritärer Herrschaft zeigt, dass die

Entgrenzung politischer Sprache oft der erste Schritt zur physischen Ausgrenzung missliebiger Akteure ist. Wer die politische Opposition – innerhalb der verfassungsgemäßen Grenzen – nicht als legitimen und fundamentalen Teil einer offenen Gesellschaft begreift, sondern als Feinde, die bekämpft werden müssen, bereitet den Boden für die Anwendung aller anderen hier angeführten Herrschaftstechniken.

Es ist kein Zufall, dass führende Politikwissenschaftler wie Jan-Werner Müller immer wieder betonen, dass vielleicht die größte Gefahr, die von Populisten droht, darin liegt, dass sie die Existenz einer legitimen Opposition nicht anerkennen, sondern die politische Landschaft in ein moralisches Freund-Feind-Schema überführen. Und es ist symptomatisch, dass – wie die Harvard-Professoren Steven Levitsky und Daniel Ziblatt mit Nachdruck feststellen[102] – das Verunglimpfen politischer Rivalen als illegitim zu den ersten Hinweisen darauf gehört, »wie Demokratien sterben«.[103]

Vor dem Hintergrund dieser Analyse verdichtet sich der Befund, dass sich Unternehmen auch dann gegen die AfD – oder andere populistische Parteien – positionieren und engagieren sollten, wenn diese sich von ihren radikalsten Forderungen oder Einstellungen (Dexit, ethnischer Chauvinismus, Klimawandel etc.) distanzieren sollten. Denn der Kern populistischer Politik liegt nicht primär in einzelnen inhaltlichen Positionen, sondern im zwangsläufigen Gebrauch gewisser Herrschaftstechniken, der systematisch auf die Untergrabung rechtsstaatlicher Institutionen, die Einschränkung gesellschaftlicher Pluralität und die Delegitimierung politischer Gegenspieler zielt. Wie ich gezeigt habe, greifen Populisten – unabhängig von ihrer programmatischen Oberfläche – immer wieder auf diese Techniken zurück. In der Konsequenz beschädigen sie schrittweise die liberale Demokratie, gefährden damit die Grundlagen der sozialen Marktwirtschaft und unterminieren damit auch jene institutionellen Bedingungen, auf die eine erfolgreiche unternehmerische Tätigkeit in einer Marktwirtschaft angewiesen ist. Unternehmen sollten demnach ein genuines, vitales Interesse daran haben, sich im Kampf gegen populistische Kräfte zu engagieren. Denn eines sollte klar geworden sein: Die Bereitschaft, sich mit Populisten einzulassen, birgt unkalkulierbare Risiken – Populismus, liberale Demokratie und soziale Marktwirtschaft lassen sich nicht auf einen Nenner bringen!

Die Grenzen des politischen Engagements von Unternehmen

Beyond the Win-win-Wonderland

Wenn Unternehmen und ihre Führungskräfte sich gegen Populisten im Allgemeinen und gegen die AfD im Besonderen engagieren, schützen sie damit jene politischen und institutionellen Rahmenbedingungen, von denen sie selbst in hohem Maße profitieren. In der betriebswirtschaftlichen Diskussion spricht man in solchen Fällen häufig von einem »Win-win-Case«: Was gut für die Gesellschaft ist – etwa stabile Institutionen, Rechtsstaatlichkeit, freie Medien –, erweist sich zugleich als vorteilhaft für langfristig ausgerichtetes unternehmerisches Handeln.

In der Debatte um die Verantwortung von Unternehmen wird bisweilen suggeriert, jede gesellschaftliche oder ökologische Herausforderung lasse sich durch geschicktes unternehmerisches Handeln in einen ökonomischen »Win-win Case« verwandeln. Meine Kollegen Thomas Beschorner und Blagoy Blagoev von der Universität St. Gallen und ich nennen dieses strikte Business-Case-Denken mitunter Management im »Win-win-Wonderland«.[1]

So behauptete etwa die Unternehmensberatung McKinsey über Jahre hinweg, dass sich Investitionen in Diversität nicht nur gesellschaftlich lohnten, sondern auch ökonomisch auszahlen würden. Unternehmen, die Geschlechtervielfalt und kulturelle Vielfalt stärkten, würden nicht nur als Arbeitgeber attraktiver, sondern zugleich durch die gesteigerte Problemlösungskompetenz und Kreativität heterogener Teams profitieren. Inzwischen mehren sich jedoch Zweifel an dieser einfachen Kausalität. Viele der Versprechen, dass mehr Nachhaltigkeit, gesellschaftliche Verantwortung oder Diversität automatisch auch betriebswirtschaftlich von Vorteil seien, haben sich in dieser Pauschalität nicht bestätigt.[2] Die Annahme, dass sich gesellschaftlich wünschenswertes Verhalten stets auch ökonomisch auszahle, erweist sich zunehmend als zu simpel. Das »Win-win-Wonderland« existiert nicht.[3]

Obwohl also Maßnahmen im Bereich von Umwelt-, Sozial- und Governance-Aspekten (ESG) nicht in jedem Fall unmittelbar mit dem wirtschaftlichen Erfolg eines Unternehmens verknüpft sind, lässt sich daraus keineswegs ableiten, dass sie verzichtbar wären. Vielmehr spiegeln ESG-Initiativen zunehmende gesellschaftliche und regulatorische Erwartungen wider, deren Missachtung erhebliche Reputationsrisiken sowie rechtliche und politische Konsequenzen mit sich bringen kann. Darüber hinaus kommt ESG-Maßnahmen ein eigenständiger normativer Wert zu: Sie tragen dazu bei, zentrale gesellschaftliche Prinzipien wie Diversität, Geschlechtergerechtigkeit und soziale Inklusion nicht nur als unternehmerische Ziele, sondern als selbstverständliche Bestandteile einer verantwortungsvollen Unternehmensführung zu verankern.

Republikanische Unternehmensbürger

Vor diesem Hintergrund erscheint es mir umso dringlicher, noch einmal die nicht-instrumentellen Gründe in den Blick zu nehmen, die es nahelegen, dass Unternehmen die Verantwortung haben, sich für die offene Gesellschaft einzusetzen.

Ich verstehe Unternehmen grundsätzlich als moralische und politische Akteure[4], als »kooperative Bürger«[5], als Corporate Citizens[6]. Genauer gesagt verstehe ich sie als republikanische Unternehmensbürger, als Corporate Citoyens[7] in einer liberalen Demokratie mit entsprechenden Rechten und Pflichten.[8]

Das normative Verständnis von Corporate Citizenship bezieht sich auf die Idee, dass Unternehmen eine moralische Verpflichtung haben, zum Wohlergehen der offenen Gesellschaft beizutragen, die über die rechtliche und wirtschaftliche Verantwortung hinausgeht.

Der Begriff Corporate Citizenship hat seinen Ursprung in der politischen Philosophie des Bürgerschaftsbegriffs und wurde spätestens in den späten 2000er-Jahren zunehmend auf Unternehmen übertragen, insbesondere im internationalen Diskurs der Unternehmensethik und Wirtschaftsethik. Auch in Anlehnung an die Ideen des britischen Soziologen Thomas H. Marshall[9] zum Konzept der »Citizenship«, verstanden als Bündel von Rechten und Pflichten innerhalb eines politischen Gemeinwesens, entstand die Idee, Unternehmen nicht länger nur als wirtschaftliche Akteure mit Gewinnerzielungsabsicht, sondern eben auch als »Corporate Citizens« zu verstehen. Daraus wurde die Norm abgeleitet, dass Unternehmen ähnlich wie Privatpersonen gesellschaftliche Pflichten und die damit verbundene Verantwortung übernehmen.[10]

In seinen einflussreichen Arbeiten zum Thema Citizenship and Social Class (1950) versteht Marshall den Begriff der Citizenship als ein historisch gewachsenes Bündel von Rechten, das den einzelnen Bürger als Mitglied eines politischen Gemeinwesens mit bestimmten Teilhabemöglichkeiten ausstattet. Marshall unterscheidet dabei drei Dimensionen: zivile Rechte (z. B. individuelle Freiheitsrechte und rechtliche Gleichheit), politische Rechte (z. B. das aktive und passive Wahlrecht) und soziale Rechte (z. B. Zugang zu Bildung, sozialer Sicherheit und Wohlfahrt). Diese Rechte wurden schrittweise im Verlauf der Geschichte erkämpft und bilden zusammen die normative Grundlage moderner demokratischer Gesellschaften. Citizenship bedeutet bei Marshall und noch deutlicher bei Ralf Dahrendorf jedoch nicht nur Anspruchsberechtigung, sondern auch Pflichten gegenüber dem Gemeinwesen, insbesondere im Sinne der aktiven Beteiligung und der Solidarität mit anderen Mitgliedern der Gesellschaft.[11]

Unternehmen sind eben nicht nur juristisch bestimmte Körperschaften, sondern eben auch soziale Institutionen, die innerhalb des Wertesystems der liberalen Demokratie agieren und zur Stabilität, Fairness und Zukunftsfähigkeit der offenen Gesellschaften beitragen. Für mich beruht dieser normative Anspruch vor allem auf der Annahme, dass wirtschaftliche Akteure kraft ihrer strukturellen Macht und gesellschaftlichen Verflechtung zur Übernahme von Verantwortung fähig sind.

Dieser Verantwortung gerecht zu werden, ist mehr als eine freiwillige Geste der Großzügigkeit. Vielmehr ist dieses Verhalten Ausdruck einer wechselseitigen Legitimierung: der politischen Macht des Staates durch die Wirtschaft und der wirtschaftlichen Macht der Unternehmen durch Staat und Gesellschaft. Obwohl Unternehmen vom passiven und aktiven Wahlrecht ausgeschlossen sind, profitieren sie – ganz ähnlich wie Bürger und Bürgerinnen – in hohem Maße von der stabilen rechtlichen Ordnung und den zahlreichen Rechten und den Freiheiten, die eine offene Gesellschaft bietet, sowie von den gut ausgebildeten Arbeitskräften, den funktionierenden Infrastrukturen und nicht zuletzt von den gesellschaftlichen Friedensbedingungen.

Daraus erwächst eine Pflicht zur Mitwirkung an der Erhaltung und Weiterentwicklung dieser Gemeinwohlgüter. Die zentrale ethische Begründung dieses Konzepts liegt daher im Gedanken einer bürgerlichen Reziprozität. Wer aus den öffentlichen Rahmenbedingungen, die die liberale Demokratie bietet, Nutzen zieht, steht zugleich in der Verantwortung, zur Stabilität und Gerechtigkeit dieser Ordnung beizutragen.

Mein Verständnis von Corporate Citizenship verlangt von Unternehmen somit mehr als das bloße Einhalten der »Rules of the Game«[12], also das Einhalten von Gesetzen in der Geschäftstätigkeit, oder die Schaffung von Win-win-Szenarien.[13] Es braucht auch einen Einsatz von Unternehmen für faire Spielregeln und andere institutionelle Designs, z. B. bei Marktversagen. Unternehmen haben zudem eine Diskursverantwortung, der sie nachkommen, wenn sie sich für die liberale Demokratie und die mit ihr wechselseitig verbundene Marktwirtschaft einsetzen.[14]. Außerdem ist nach meinem Verständnis jeder Manager, jede Unternehmerin und, als Corporate Citoyen, auch jedes Unternehmen zugleich Bürger bzw. Bürgerin in einer offenen Gesellschaft und trägt als solche eine Mitverantwortung für die Erhaltung einer rechtsstaatlichen und pluralen Ordnung. Der Erhalt der liberalen Demokratie ist kein Automatismus institutioneller Verfahren, sondern ein Prozess, der von engagierten Bürgerinnen getragen werden muss.

Kosten und Risiken des politischen Engagements

Aber obwohl ein Engagement gegen Rechtsextremismus und Populismus ethisch begründet werden kann und im langfristigen, wahrscheinlich sogar im existenziellen Interesse von Unternehmen liegt, kann ein solches Engagement für einzelne Unternehmen und deren Führungskräfte kurzfristig mit erheblichen Kosten und Risiken verbunden sein. Wer sich öffentlich gegen die AfD positioniert, muss damit rechnen, zur Zielscheibe von Anfeindungen oder sogar Boykotten zu werden.

Der Unternehmer Robert Dahl, der an den Eingängen seiner Erdbeerhöfe deutlich macht, dass Ausländerfeinde bei ihm keinen Zutritt haben, berichtet zwar überwiegend von positiven Reaktionen in seinem direkten Umfeld und seitens der Besucherinnen und Besucher der Parks, verweist jedoch auch auf teils heftige Gegenreaktionen in sozialen Netzwerken[15]

Nicht ganz so glimpflich erging es dem Unternehmer Reinhold Würth, als er im März 2024 in einem Brief an seine Mitarbeitenden davor warnte, die AfD zu wählen, da sie das Grundgesetz angreife. Als Reaktionen auf sein politisches Engagement folgten Ankündigungen einiger Kunden, das Unternehmen künftig boykottieren zu wollen. Zudem kam es zu Attacken des Thüringer AfD-Chefs, Björn Höcke, der Würth und andere aufforderte, »einfach mal die Klappe zu halten«, und ihm »schwere wirtschaftliche Turbulenzen« wünschte.[16] Würth zeigte sich in anschließenden Interviews unbeeindruckt von diesen Anwürfen und auch gelassen, was das Ausmaß eines wirtschaftlichen Schadens für sein Unternehmen betrifft, der durch Boykotte verursacht werden könnte. Der geschätzte Schaden belaufe sich auf ungefähr 1,5 Millionen Euro, also unter der Promillegrenze des Jahresumsatzes von 20 Milliarden des international tätigen Unternehmens. Das ist nicht viel für Unternehmen dieser Größe.[17]

Der öffentliche Widerspruch gegen rechtspopulistische Parteien stellt für Unternehmen je nach Größe, Standort und gesellschaftlicher Einbettung ein unterschiedlich hohes Risiko dar. Während international tätige Großunternehmen mit Sitz in urbanen, politisch pluralen Zentren wie Berlin, Hamburg, München oder Frankfurt über eine hohe Reichweite, professionelle Kommunikationsabteilungen und häufig über eine stabile wirtschaftliche Basis verfügen, ist die Lage für kleinere und mittelständische Betriebe, etwa in ländlich geprägten Regionen oder in den ostdeutschen Bundesländern mit hohen AfD-Wahlergebnissen, weitaus komplexer. Für diese Unternehmen kann ein politisches Engagement durchaus erhebliche negative wirtschaftliche Folgen nach sich ziehen, etwa durch den Verlust von Kunden, durch öffentliche Anfeindung, Streit in den Belegschaften oder soziale Isolation. Dies erschwert insbesondere kleineren inhabergeführten Betrieben wie Restaurants, regionalen Handwerksbetrieben oder Supermärkten die öffentliche Abgrenzung von rechtspopulistischen Akteuren.

Als etwa die Firmenzentrale der Supermarktkette Edeka kurz vor den ostdeutschen Landtagswahlen Ende 2024 eine aus der Hamburger Firmenzentrale organisierte bundesweite Kampagne gegen die AfD startete, erhielt sie in westdeutschen urbanen Räumen und insbesondere im bildungsbürgerlichen Milieu sowie auf der vorwiegend von

Führungskräften genutzten Social-Media-Plattform LinkedIn überwiegend große Zustimmung.[18] Die prominent in überregionalen Leitmedien platzierten Anzeigen, in denen die AfD als unappetitlich und gefährlich dargestellt wurde, trafen dort auf ein fast durchweg positives Echo. Ganz anders fiel jedoch die Reaktion in ostdeutschen Regionen aus, in denen die AfD besonders stark ist. In diesen ländlich geprägten Gebieten wurden die Kampagnenmotive als belehrend, bevormundend und übergriffig wahrgenommen. Viele verstanden sie als Ausdruck westdeutscher Arroganz und Unkenntnis gegenüber der Lebenswirklichkeit im Osten. Vor diesem Hintergrund distanzierten sich einige Edeka-Marktbetreiber in ostdeutschen Bundesländern offen von der Kampagne ihrer Firmenzentrale.[19]

Nach teils heftiger Kritik an der Kampagne ruderte der Edeka-Vorstandsvorsitzende Markus Mosa zurück und kündigte an, aus den bisherigen Aktionen lernen zu wollen. »Es tut uns leid, wenn die Kampagne bei vielen Menschen anders angekommen ist. Wir werden das intern aufarbeiten«, erklärte Mosa. Zugleich betonte er, Edeka sei »für alle Kunden da«. Trotz der Kontroversen betonte der Vorstand, dass es auch positive Rückmeldungen gegeben habe. »Wir haben einen festen Wertekanon und stehen für die freiheitlich-demokratische Grundordnung.« Gleichzeitig wolle das Unternehmen niemanden in seiner Denkweise bevormunden, so der Edeka-Chef.[20]

Die Zurückhaltung vieler Unternehmen gegenüber einem offenen politischen Engagement erklärt sich aber nicht allein aus wirtschaftlichen Erwägungen, etwa der Furcht vor Boykottaufrufen oder daraus resultierenden Umsatzeinbußen. Insbesondere in den strukturschwächeren Regionen Ostdeutschlands, in denen die AfD bereits tief in der lokalen Gesellschaft verankert ist, kommen weitere Faktoren hinzu, die ein politisches Engagement von Unternehmen gegen die Rechtspopulisten erheblich erschweren.

In kleineren Gemeinden sind Unternehmerinnen und Unternehmer nicht nur ökonomische, sondern vor allem auch soziale Akteure. Sie sind eingebunden in Netzwerke aus Kunden, Nachbarn, Vereinen und vielen anderen lokalen Institutionen. Eine öffentliche Positionierung gegen populistische Strömungen kann hier nicht nur geschäftsschädigend sein, sondern auch zu ganz persönlichen Konsequenzen führen, etwa durch offene Anfeindungen oder subtile Formen sozialer Ausgrenzung. Die Grenzen zwischen wirtschaftlichem Handeln und persönlicher Lebensführung verschwimmen in diesen Kontexten häufig. Dadurch fällt das Risiko des politischen Engagements deutlich höher aus als in den anonymisierten Räumen großer Städte oder Konzernzentralen.

Diese spezifische Verwobenheit von sozialer Nähe, politischer Polarisierung und ökonomischer Abhängigkeit macht das politische Engagement vieler kleinerer Unternehmen zu einer besonderen Herausforderung. Dies erklärt auch, warum die in den Konzernzentralen organisierten Kampagnen, so wohlmeinend sie auch sein mögen, auf Widerstand stoßen, wenn sie lokale Befindlichkeiten und die damit verbundenen Risiken ausblenden.

Unternehmen sind keine Experten für politisches Engagement

Die ablehnenden Reaktionen einiger Edeka-Marktbetreiber und die negativen Reaktionen der Kunden auf die aus der Hamburger Zentrale organisierte Kampagne gegen die AfD offenbart noch weiteres Problem: Vielen Unternehmen fehlt es an grundlegender Expertise dafür, wie ein politisches Engagement gestaltet sein müsste, um tatsächlich Wirkung zu entfalten. Zwar ist das Bestreben, sich klar gegen die Feinde der liberalen Demokratie zu positionieren, sowohl ethisch als auch instrumentell gut begründbar, doch ist nicht auszuschließen, dass dieses gut gemeinte Engagement unbeabsichtigte negative Effekte auslöst. Es besteht sogar die Gefahr, dass das politische Engagement von Unternehmen bestehende gesellschaftliche Spannungen verschärft und im Ergebnis zu einer weiteren Polarisierung beiträgt. Im ungünstigsten Fall stärken Unternehmen mit ihrem politischen Engagement genau jene politischen Kräfte, gegen die sie sich richten.

Diese Gefahr resultiert aus der politischen Logik des Populismus. Wie ich oben ausführlich dargelegt habe, zeichnen sich populistische Parteien dadurch aus, dass sie sich selbst als einzige legitime Stimme des Volkes verstehen und inszenieren. Eine ihrer zentralen Strategien besteht darin, eine unversöhnliche Trennung zwischen dem sogenannten »wahren Volk« und einer vermeintlich abgehobenen, korrupten Elite zu konstruieren. Wenn sich nun führende Managerinnen und Manager öffentlich gegen die AfD positionieren, kann dies aus der Perspektive der populistischen

Parteien und ihrer Anhängerschaft genau jene Elitenerzählung bestätigen, auf der ihre politische Mobilisierung beruht. Unternehmen sowie ihre Manager und Managerinnen erscheinen dann nicht als verantwortungsvolle Bürgerinnen und Bürger einer offenen Gesellschaft, sondern als Teil eines hegemonialen Machtblocks, der dem »Volk« vorschreibt, was es zu denken und zu wählen habe. Damit droht das politische Engagement von Unternehmen, das eigentlich auf die Stärkung der liberalen Demokratie zielt, seine Wirkung ins Gegenteil zu verkehren.

Augenscheinlich genügt es nicht, wenn sich Unternehmen lediglich symbolisch positionieren und Medienkampagnen initiieren oder wenn Firmenchefs in der Öffentlichkeit vor den Populisten warnen. Ein wirkungsvolles und nicht kontraproduktives Engagement muss die Dynamiken politischer Kommunikation, die Logik populistischer Mobilisierung sowie die Wahrnehmungsmuster unterschiedlicher gesellschaftlicher Gruppen mitdenken. Andernfalls droht selbst gut begründetes Verantwortungsbewusstsein politische Abwehrreaktionen auszulösen.

In der Praxis zeigt sich entsprechend, wie unterschiedlich Unternehmen ihr politisches Engagement ausgestalten. Während manche Unternehmen wie Edeka auf öffentlichkeitswirksame Kampagnen setzen, einige Firmenchefs AfD-Wähler am liebsten gar nicht erst in ihren Belegschaften hätten (Bertelsmann) oder ihren Angestellten offene Briefe schreiben (Würth), bevorzugen andere bewusst zurückhaltende und lokal verankerte Formen der Positionierung. Besonders deutlich wird diese Spannbreite im Vergleich zwischen zentralisierten Kommunikationsmaßnahmen und einem langfristig aufgebauten, glaubwürdigen Engagement.

Wie ein gelingendes Engagement gegen Populismus aussehen kann

Zwei herausragende Beispiele für ein klares und glaubhaftes Engagement sind das größte ostdeutsche Unternehmen Jenoptik und der relativ kleine sächsische (Luxus-) Uhrenhersteller NOMOS Glashütte.

Stefan Traeger, der CEO von Jenoptik, war einer der ersten CEOs, der sich öffentlich zu Wort meldete. Mit dem Unternehmensslogan »More Light« erzielt Jenoptik einen Jahresumsatz von über einer Milliarde Euro und beschäftigt weltweit mehr als 4600 Mitarbeitende. Das Kerngeschäft liegt im Bereich optischer Technologien. Der Hauptsitz des Unternehmens befindet sich im thüringischen Jena – dem Geburtsort Traegers –, wo über 1800 Mitarbeitende tätig sind, viele von ihnen hoch qualifizierte Ingenieurinnen oder spezialisierte Fachkräfte.

Die Ursprünge von Jenoptik reichen bis ins Jahr 1846 zurück, als der Optiker Carl Zeiss in Jena eine Werkstatt eröffnete. Über Jahrzehnte hinweg wurden der Name des verstorbenen Unternehmers und der Stadt Jena zum Synonym für exzellente optische Technologien. Während des Zweiten Weltkriegs setzte das Unternehmen – wie viele andere in Deutschland – Zwangsarbeiter jüdischer Herkunft ein. Nach dem Sieg der Alliierten zerfiel das Unternehmen in zwei Teile, die sich auf beiden Seiten des Eisernen Vorhangs wiederfanden.

Jenoptik entwickelte sich nach dem Zusammenbruch der SED-Diktatur und der Deindustrialisierung nach der Wiedervereinigung zu einem globalen Hightech-Unternehmen mit dem Schwerpunkt Photonik. Heute zählt es zu den größten Unternehmen in den neuen Bundesländern und gilt als ein wirtschaftliches Erfolgsmodell für den Freistaat Thüringen.

2023, als Reaktion auf den wachsenden Wahlerfolg der AfD in Thüringen, entschieden sich Stefan Traeger und die Führungsspitze von Jenoptik, Stellung zu beziehen. Für Traeger war dies eine Entscheidung mit ausgeprägt moralischem Charakter. Er wog ab, ob es einem Wirtschaftsführer zukommt, sich politisch zu äußern. Schließlich war er kein gewählter Repräsentant und wusste, dass viele in der Wirtschaft eine strikte Trennung von Ökonomie und Politik fordern. Doch angesichts der politischen Entwicklungen im Heimatbundesland seines Unternehmens und der potenziellen Auswirkungen der AfD-Politik auf Jenoptik wie auf die deutsche Gesellschaft, war er überzeugt, dass es richtig sei, zu handeln. Die Übereinstimmung von Unternehmensinteresse und gesellschaftlicher Verantwortung gab ihm die nötige Sicherheit, den nächsten Schritt zu gehen. In einem Presseinterview äußerte Traeger seine Besorgnis über den Aufstieg der AfD mit den Worten: »Ich will hier ja leben, in einem offenen Land.«

Trotz seiner Überzeugung war Traeger sich bewusst, dass seine Sichtweise nicht von allen Stakeholdern des Unternehmens geteilt würde. Unter den 1800 Mitarbeitenden in Jena befanden sich sicherlich auch Anhänger der AfD. Die Herausforderung bestand nun darin, sich gegen politischen Extremismus zu positionieren, ohne zentrale Anspruchsgruppen zu entfremden.

Das Führungsteam von Jenoptik war sich zudem der Tatsache bewusst, dass Unternehmen, die sich öffentlich gegen die extreme Rechte äußern, in der Vergangenheit Zielscheibe rechter Angriffe geworden waren. Ein prominentes Beispiel war die Kampagne »Made in Germany – Made by Vielfalt«, die von über 135 deutschen Unternehmen – darunter Oetker, Miele, Deichmann, Sartorius und Stihl – getragen wurde und sich für Toleranz, Offenheit und demokratische Werte einsetzte. Daraufhin rief Björn Höcke, Spitzenkandidat der AfD in Thüringen, öffentlich zu »massiven wirtschaftlichen Turbulenzen« für solche Unternehmen auf.

Jenoptiks Antwort war die Kommunikationsinitiative »BleibOffen«, die echte Mitarbeitende und ihre Botschaften zu den Stichworten Offenheit, Fortschritt, Vielfalt und demokratischen Grundwerten zeigte und die Notwendigkeit betonte, internationale Talente für Ostdeutschland zu gewinnen. Ohne expliziten Bezug auf politische Parteien rief die Kampagne zu einem offenen und toleranten Miteinander auf und stützte sich dabei auf die unternehmensinterne Verankerung von Offenheit als zentralem Wert.

Die Folge: Jenoptik – ein bislang vergleichsweise wenig bekanntes, aber wirkungsstarkes Unternehmen – rückte ins Zentrum der öffentlichen Aufmerksamkeit. Die Kampagne erfuhr breite gesellschaftliche Unterstützung, erhielt viel mediale und digitale Resonanz und wurde im September 2024 mit dem renommierten Pioneer Award für gesellschaftliches Engagement und werteorientierte Innovation ausgezeichnet. Auf LinkedIn wurde der Einsatz wiederholt als »großartiges Engagement und mutiger Schritt« gewürdigt – mit dem Hinweis, dass die Anerkennung von Vielfalt ein zentraler Erfolgsfaktor für Unternehmen sei. Im Vorfeld der Landtagswahl in Thüringen im September 2024 sagte Stefan Traeger gegenüber der Nachrichtenagentur Associated Press, er hoffe, dass Deutschland »auch künftig ein so offenes, freies und demokratisches Land bleibt, wie es das derzeit ist – denn genau das brauchen wir, um das Unternehmen weiterzuentwickeln.« Und er fügte hinzu: »Wir brauchen Mitarbeitende mit kreativem Potenzial. Wir Thüringer sind ein kreatives Volk, aber wir werden das nicht allein schaffen. Wir brauchen auch Menschen aus anderen Teilen der Welt – mit anderen Ansichten, anderen Überzeugungen, anderer Hautfarbe.«[21]

Ein ähnliches politisches Engagement für die liberale Demokratie zeigt die Uhrenmanufaktur NOMOS Glashütte mit Sitz in Glashütte, einer Kleinstadt im Landkreis Sächsische Schweiz-Osterzgebirge.

Eine der Geschäftsführerinnen und Mitinhaberinnen des Unternehmens, Judith Borowski, gehörte bereits seit 2015 zu den ersten Unternehmerinnen, die vehement auf die Gefahren durch die AfD für die Wirtschaft bezüglich des offenen Unternehmensklimas, der Anwerbung von Fachkräften, dem für eine exportorientierte Firma folgenreichen internationalen Imageschaden, einem möglichen »Dexit« usw. hinwies. Zudem schrieb die Managerin in einem Gastbeitrag für das Magazin *Focus*: »Wir schulden es der Demokratie, ihr Schützenhilfe zu geben – im kleinen, uns möglichen Rahmen: Wir trainieren uns in Toleranz für die Meinung des anderen, ermutigen Mitarbeitende zu eigenständigem Denken und Widerspruch, kümmern uns um Sachprobleme wie Nahverkehr, Einkaufsmöglichkeiten, Kinderbetreuung.«[22]

Als es 2015 zu Protesten gegen ein nahe gelegenes Heim für Geflüchtete kam, wollte das Unternehmen ein Zeichen setzen. Es brachte an seinem Hauptgebäude ein großes Transparent an mit der Losung »Wir ticken international. Nein zu rechtem Gedankengut«. Im September 2018 veröffentlichte die Firmengeschäftsleitung in einem offenen Brief und in öffentlichen Erklärungen eine klare Haltung gegen Rechtsextremismus und Intoleranz. Sie formulierte deutlich: »Ein Klima von Intoleranz und Rassismus werden wir bei NOMOS Glashütte nicht dulden.«

Um diesem Anspruch gerecht zu werden, machte NOMOS beim Programm Business Council for Democracy (BC4D)[23] mit. Dieses wurde vor einigen Jahren von der gemeinnützigen Hertie-Stiftung gemeinsam mit dem Institute for Strategic Dialogue (ISD) und der Robert Bosch Stiftung gegründet und bietet Schulungen für Arbeitnehmer an. Bei NOMOS lernen Mitarbeitende zum Beispiel in Argumentations-Workshops, wie sie auf Verschwörungserzählungen, rechtsextreme und intolerante Parolen angemessen reagieren können. Unterstrichen wird die NOMOS-Haltung symbolisch, etwa durch eine Sonderedition zum 75-jährigen Jubiläum des deutschen Grundgesetzes. Laut Judith Borowski trägt das jahrelange Engagement von NOMOS Früchte. »Wir haben eine Mitarbeiterschaft, die es größtenteils gut und richtig findet, was wir tun«, sagt die Managerin. Zwar glaube auch sie nicht, dass keiner in ihrem Betrieb die AfD wählt. Doch sei die Zustimmung »mit Sicherheit deutlich geringer als auf der Straße«. NOMOS hat eine Mitarbeiterschaft, die in den großen Linien ähnlich tickt. Uhrmacherinnen, Konstrukteure, Werkzeugmacher, die die Haltung ihres Arbeitgebers teilen.[24]

Auch über einzelne Unternehmen hinaus zeigen sich Formen kollektiven Engagements, etwa im Verein »Wirtschaft für ein weltoffenes Sachsen«[25]. Dieser wurde 2016 in Dresden gegründet und vereint inzwischen über 600 Unternehmen aus verschiedenen Branchen, darunter namhafte Vertreter wie Infineon, Volkswagen Sachsen oder der

Branchenverband Silicon Saxony. Ziel ist es, Sachsen als wirtschaftlich starken und zugleich weltoffenen Standort zu stärken. Der Verein versteht sich ausdrücklich als überparteilich und setzt auf konkrete Maßnahmen: Er organisiert Bildungsformate zur demokratischen Kultur in Unternehmen, unterstützt die Integration internationaler Fachkräfte und fördert eine werteorientierte Unternehmenspraxis, insbesondere in Regionen mit hoher Zustimmung zur AfD. Zugleich bezieht der Verein klar Position gegen rechtspopulistische Tendenzen, etwa durch öffentliche Erklärungen, Vernetzung mit zivilgesellschaftlichen Akteuren und überregionale Bündnisse wie das »Bundesnetzwerk Wirtschaft für ein weltoffenes Deutschland«[26]. Damit zeigt sich, dass politisches Engagement von Unternehmen nicht allein auf symbolische Kommunikation beschränkt bleiben muss, sondern sich auch strukturell institutionalisieren lässt.

Keine Garantie für den Erfolg, aber viel Gefahr

Da es sich bei der Praxis des politischen Engagements von Unternehmen zum Schutz der liberalen Demokratie um ein vergleichsweise neues und bislang wenig erforschtes Phänomen handelt, können Entscheidungsträgerinnen und Entscheidungsträger in Unternehmen derzeit kaum auf konsolidierte empirische Befunde und noch weniger auf evidenzbasierte Handlungsempfehlungen zurückgreifen. Auch meine Berichte über die Erfolge der Aktivitäten von Jenoptik, Nomos und dem Verein »Wirtschaft für ein weltoffenes Sachsen« sind letztendlich nur Anekdoten – es ist nicht klar, ob und wie sich das politische Engagement von Unternehmen zum Schutz der Demokratie tatsächlich auszahlt.

In der wissenschaftlichen Auseinandersetzung mit dem Phänomen wird mitunter zwischen sogenannten »hard voice«- und »soft voice«-Strategien unterschieden.[27] Während »hard voice«-Ansätze konfrontative Maßnahmen wie öffentliche Kampagnen, innerbetrieblichen Widerspruch, Proteste oder rechtliche Interventionen umfassen, zielen »soft voice«-Strategien auf kooperative, dialogorientierte Formen des Engagements, etwa in Form von zivilgesellschaftlicher Netzwerkbildung, informellen Gesprächen mit politischen Entscheidungsträgern, Corporate-Social-Responsibility-Initiativen oder Stakeholderdialogen. Was jedoch bis auf wenige Ausnahmen fehlt[28], sind systematische Analysen darüber, welche dieser Ansätze in welchem Kontext tatsächlich effektiv zur Stärkung der Resilienz der liberalen Demokratie und zur Eindämmung autoritärer Entwicklungen beitragen können.

Besorgniserregend ist in diesem Zusammenhang ein wachsender Befundstrang aus der sozialpsychologischen und kommunikationswissenschaftlichen Forschung zu sogenannten »Out-Group-« und »Elite Cues«. Diese Forschung zeigt, dass oppositionelle Stellungnahmen von ihren Empfängern als Signale von einer als fremd eingestuften Gruppe (Out-Groups) wahrgenommen werden. Solche Signale können unbeabsichtigte Gegenreaktionen auslösen, insbesondere dann, wenn sie von gesellschaftlichen Eliten oder prominenten Akteuren ausgehen.

Beispielsweise zeigen Untersuchungen, dass Aussagen zu Themen wie Klimapolitik, Migration oder dem Irakkrieg in bestimmten Bevölkerungsgruppen nicht zu höherer Zustimmung, sondern vielmehr zu Polarisierung und Ablehnung führen können, vor allem dann, wenn sie als moralisierende oder bevormundende Botschaften interpretiert werden.[29] Diese sogenannten Backlash-Effekte treten besonders dann auf, wenn kommunikative Akte als Ausdruck einer vermeintlich überlegenen moralischen Haltung einer gesellschaftlichen Elite gedeutet werden. Insbesondere in politisch aufgeheizten Kontexten kann die Wahrnehmung, Teil einer aus dem Diskurs ausgeschlossenen Gruppe zu sein, zur Verstärkung von Ressentiments beitragen.

Jüngere Studien haben zudem gezeigt, dass diese Dynamiken nicht gleichmäßig über alle gesellschaftlichen Gruppen verteilt sind. So wirken elitäre Signale (»Elite Cues«) auf verschiedene sozioökonomische Milieus unterschiedlich – sie verstärken in bildungsfernen oder ökonomisch benachteiligten Gruppen eher die ablehnende Haltung gegenüber den geäußerten Positionen. Auch innerhalb von

Minderheiten, die sich stark über kollektive Identität definieren, können derartige Botschaften unbeabsichtigt zu Abgrenzungseffekten führen.

Diese Erkenntnisse sind auch für das politische Engagement von Unternehmen hoch relevant. Wenn Unternehmen öffentlich gegen Rechtsextremismus und Populismus eintreten, ist die intendierte Wirkung – der Schutz der offenen Gesellschaft – keineswegs garantiert. Im Gegenteil: Gerade wenn diese Botschaften aus ökonomisch privilegierter Position gesendet werden, von Eigentümern, CEOs, Verbandsvertretern usw., könnten sie als moralisierend wahrgenommen werden und bei den Empfängerinnen und Empfängern ungewollte Abwehrreflexe auslösen.

Vor diesem Hintergrund sollten wir auch das politische Engagement von Unternehmen kritisch überprüfen. Unternehmen müssen neben den normativen und instrumentellen Abwägungen auch die Wirkmechanismen öffentlicher Kommunikation, soziale Wahrnehmung und mögliche Abwehreffekte in den Blick nehmen. Andernfalls droht ihr gut gemeintes Engagement seine intendierte Wirkung zu verfehlen oder schlimmstenfalls sogar das Gegenteil zu bewirken.

Die Legitimität des politischen Engagements: Geister, die ich rief

Neben der Frage, wie das politische Engagement von Unternehmen zum Schutz der liberalen Demokratie konkret ausgestaltet sein sollte, stellen sich erhebliche legitimationstheoretische Herausforderungen.

Wie bereits eingangs ausgeführt, lehnte vor allem Milton Friedman in seinen viel zitierten Beiträgen aus den 1960er- und 1970er-Jahren jede Form des politischen Handelns durch Unternehmen kategorisch ab. Neben seinem bereits ausführlich diskutierten Einwand, dass sich Managerinnen und Manager beim politischen oder gesellschaftlichen Engagement an den Ressourcen ihrer Shareholder bedienen und damit letztlich fremde Mittel für eigene Zwecke einsetzen, bringt Milton Friedman in seiner klassischen Argumentation ein zweites, nicht minder relevantes Argument vor. Aus seiner Perspektive verfügen Unternehmen und ihre Managerinnen und Manager über keinerlei Legitimation für ein politisches Engagement, weil sie im Gegensatz zu gewählten Politikerinnen und Politikern schlichtweg keinen demokratisch per Abstimmung festgestellten Auftrag haben. Ein politisches Engagement kommt höchstens dann in Betracht, wenn sich dadurch der Gewinn des Unternehmens steigern lässt.

Friedmans Argumentation verliert auch dann nicht an Relevanz, wenn man – wie ich es in den vorangegangenen Kapiteln versucht habe – gute normative und instrumentelle Gründe für ein unternehmerisches Eintreten zugunsten der liberalen Demokratie anführt. Die Tatsache, dass das politische Engagement von Unternehmen gegen Rechtsextremismus und Populismus gesellschaftlich wünschenswert ist oder im langfristigen Interesse von Unternehmen liegt, beantwortet noch nicht alle Fragen nach der Legitimation dieses Engagements.

Problematisch ist hier insbesondere, dass Unternehmen und ihre Führungskräfte keiner Rechenschaftspflicht gegenüber einer breiteren Öffentlichkeit unterliegen. Das demokratische Prinzip basiert aber auf der Vorstellung gleichberechtigter Bürgerinnen und Bürger, die in einem öffentlichen Diskurs um die besten Lösungen ringen. Wenn jedoch ökonomisch übermächtige Akteure wie die Manager großer Konzerne oder ähnlich mächtige Verbandsfunktionäre diesen Diskurs dominieren, etwa durch Kommunikationskampagnen, bevorzugte Zugänge zu Medien oder politische Netzwerke, entsteht ein Legitimationsdefizit. Ihr politisches Handeln entzieht sich weitgehend parlamentarischer Kontrolle, ist nicht durch allgemeine Wahlen gedeckt und in der Regel auch nicht in Diskursprozesse eingebunden, in denen das Für und Wider entsprechender Aktivitäten abgewogen wird.

Ein besonders aufschlussreiches Beispiel für dieses Legitimationsproblem liefert der Ausschluss des damaligen US-Präsidenten Donald Trump von der Social-Media-Plattform Twitter (heute: X) unmittelbar nach dem Sturm aufgebrachter Trump-Anhänger auf das Kapitol in Washington, D.C., am 6. Januar 2021. Twitter begründete damals die dauerhafte Sperrung von Trumps Accounts mit dem Risiko weiterer Gewalt, die durch die Tweets des abgewählten Präsidenten entstehen könnten, und außerdem dadurch, dass dieser wiederholt gegen die Nutzungsbedingungen der Plattform verstoße.

Auch wenn dieses Vorgehen von Twitter von vielen Beobachtern und Beobachterinnen als notwendig und verantwortungsvoll eingeschätzt wurde[30], wirft es aus demokratietheoretischer Perspektive nicht unerhebliche Fragen auf. Twitter, ein privatwirtschaftliches Unternehmen mit globaler Reichweite, griff mit seiner Entscheidung, Trumps Account zu sperren, in den politischen Kommunikationsprozess eines sich immer noch im Amt befindlichen Staatsoberhaupts ein. Das Unternehmen agierte damit politisch, ohne gerichtliche Prüfung und ohne transparente, öffentlich legitimierte Verfahren. Die Entscheidung, Trump von seinem wichtigsten Kommunikationskanal auszuschließen, wurde nicht durch rechtsstaatliche Organe getroffen, sondern durch ein unternehmensinternes Gremium, das weder parlamentarischer Kontrolle unterliegt noch einer breiteren Öffentlichkeit rechenschaftspflichtig ist.

Der Fall Twitter zeigt, dass politisches Engagement das grundlegende Spannungsverhältnis zwischen privatwirtschaftlicher Macht und demokratischer Selbstbestimmung offenbart. In liberal-demokratischen Ordnungen gilt das Prinzip, dass Einschränkungen politischer Rede durch rechtsstaatliche Verfahren legitimiert sein müssen. Wenn jedoch private Plattformen, die wie Twitter oder andere soziale Medien de facto als zentrale Infrastrukturen öffentlicher Kommunikation fungieren, darüber entscheiden, wer Zugang zum politischen Diskurs erhält und wer nicht, entsteht ein strukturelles Machtgefälle. Dies unterminiert zentrale Prinzipien der liberalen Demokratie, wie politische Gleichheit, inklusive Teilhabe und institutionelle Transparenz.

Dieses Spannungsverhältnis zwischen politischem Engagement und mangelnder Legitimation wird durch die

Übernahme von Twitter durch den reichsten Menschen der Welt, den Multimilliardär Elon Musk, im Jahr 2022 in einer neuen Dimension sichtbar. Musk, der sich gern selbst als Verfechter uneingeschränkter Meinungsfreiheit inszeniert, hat seit seiner Übernahme von Twitter nicht nur weitreichende personelle und technische Restrukturierungen vorgenommen, sondern die Plattform auch massiv für politische Botschaften genutzt. Dabei ist nicht nur auffällig, dass Musk wiederholt Verschwörungserzählungen und extrem rechte Inhalte toleriert oder verstärkt hat, sondern auch, dass er selbst zunehmend als politischer Akteur auftritt.

Während des US-Präsidentschaftswahlkampf 2024 nutzte Musk seine Plattform X und stellte erhebliche finanzielle Mittel zur Unterstützung von Donald Trump. Über verschiedene Super-PACs (eine politische Organisation in den USA, die dazu dient, Wahlkampfmittel zu sammeln und auszugeben) spendete Musk insgesamt rund 277 Millionen US-Dollar – mehr als jeder andere Einzelspender in diesem Wahlzyklus – und trug damit maßgeblich zur finanziellen Schlagkraft des republikanischen Lagers bei. Gleichzeitig nutzte er X, um trumpfreundliche und rechtspopulistische Narrative algorithmisch zu verstärken, prominent zu platzieren und Pro-Trump-Stimmen eine privilegierte mediale Bühne zu bieten.[31]

Zudem griff Musk über Twitter X, in Talkshows und im Rahmen von Wirtschaftsgipfeln politische Institutionen an, unterstützte offen populistische Parteien wie die AfD, kommentierte geopolitische Konflikte und versuchte, deren Ausgang aktiv zu beeinflussen.[32] Wie schon im Fall der Trump-Sperre durch Twitter stellt sich auch bei Musks politischem Engagement die Frage, mit welchem Mandat und auf welcher Legitimationsgrundlage dieses Engagement beruht. Anders als gewählte Vertreterinnen und Vertreter demokratischer Systeme unterliegt Musk keinerlei Rechenschaftspflicht gegenüber einer demokratisch konstituierten Öffentlichkeit. Sein Handeln ist weder durch Wahlen noch durch deliberative Prozesse, also dem möglichst inklusiven argumentativen Austausch mit Anspruchsgruppen, in denen unterschiedliche Positionen abgewogen werden, um gemeinsam zu einer rational begründeten Entscheidung zu gelangen, gebunden oder legitimiert.

Trotz der von mir oben dargestellten Argumente, die für ein politisches Engagement von Unternehmen sprechen und dieses unter bestimmten Bedingungen sogar als wünschenswert erscheinen lassen, möchte ich zugleich auf die notwendigen Grenzen eines solchen Engagements hinweisen. Diese liegen dort, wo Unternehmen Akteure, Bewegungen oder Parteien unterstützen, die die Schwächung oder gar Abschaffung demokratischer Institutionen und Verfahren zum Ziel haben oder entsprechende Tendenzen stillschweigend dulden. Das politische Engagement verliert außerdem dort seine Legitimität, wo es nicht mehr dem Schutz und der Stärkung der freiheitlich-demokratischen Grundordnung dient, sondern – direkt oder indirekt – deren Erosion begünstigt.

Woker Kapitalismus: Das falsche Spiel mit der Moral

Obwohl also gute Gründe für das politische Engagement von Unternehmen angeführt werden können, ist es nicht frei von Risiken und Ambivalenzen, wie wir bereits gesehen haben. Insbesondere in der kritischen Managementforschung mehren sich Stimmen, die darauf hinweisen, dass mit dem politischen Engagement von Unternehmen, mit dem diese zunehmend nicht nur ökonomische, sondern auch normative sowie politische Deutungs- und Gestaltungsmacht beanspruchen, tiefgreifende Verschiebungen politischer Machtverhältnisse einhergehen können. Diese Kritik verdient meiner Meinung nach eine ernsthafte Beachtung, wenn wir die Rolle und Verantwortung von Unternehmen in einer offenen Gesellschaft diskutieren.

Besonders prägnant wird diese Kritik in den Arbeiten der in Australien tätigen Business-School-Professoren Carl Rhodes und Peter Fleming formuliert.[33] Beide zählen zu den profiliertesten Vertretern einer Forschungsrichtung, die das politische Engagement von Unternehmen nicht als Ausdruck einer neuen Verantwortungsbereitschaft, sondern eben als Symptom einer besorgniserregenden Machtverschiebung interpretiert.

Rhodes spricht in diesem Zusammenhang von Woke Capitalism, einer spezifischen Form unternehmerischer Selbstvergewisserung, die sich progressiver Ideen zum Beispiel hinsichtlich Gleichstellung, Diversität, Nachhaltigkeit bedient, um sich vor den Augen wichtiger Anspruchsgruppen aufzuwerten, ohne aber dabei die zugrunde liegenden ökonomischen Strukturen selbst infrage zu stellen.[34] Zahlreiche, vor allem multinationale, Unternehmen inszenierten sich in der Vergangenheit zunehmend als moralische Instanzen und gesellschaftliche Akteure, die Verantwortung für gesellschaftliche und ökologische Themen übernehmen – sie definieren aber gleichzeitig selbst, was Verantwortung bedeutet. Was zunächst wie gesellschaftliches Engagement aussieht, kann so leicht zur symbolischen Machtausübung werden, bei der die Sprache der Ethik (Verantwortung) strategisch eingesetzt wird, um die eigene Reputation zu schützen und politische Eingriffe in die souveräne Entscheidungsmacht von Unternehmen in Form einer regulierenden Gesetzgebung zu verhindern.

So mögen sich Großkonzerne wie Amazon, Tesla und der Facebook-Konzern Meta gern für die Rechte der LGBTQI+-Community einsetzen, Regebogenflaggen auf ihren Konzernzentralen hissen und in einigen Bereichen erhebliche Anstrengungen zum Schutz der Umwelt unternehmen, es sind aber mitunter die gleichen Konzerne, die den institutionell gewährleisteten Schutz von Menschenrechten, etwa durch Lieferkettengesetze, aufs Heftigste mit ihren Lobbying-Abteilungen bekämpfen oder eine betriebliche Mitbestimmung ablehnen.

Ein 2025 erschienener Bericht des Internationalen Gewerkschaftsbundes (ITUC) wirft einigen dieser weltweit größten Konzerne vor, demokratische Strukturen zu untergraben, gewerkschaftliche Rechte zu verletzen und durch Lobbyismus sowie politische Einflussnahme globale Regulierungsversuche zu blockieren. Die Autoren des Berichts zeigen, wie diese Unternehmen ihre wirtschaftliche Macht nutzen, um politische Prozesse zu beeinflussen.[35]

So werden Amazon eine aggressive gewerkschaftsfeindliche Haltung auf mehreren Kontinenten, problematische Arbeitsbedingungen, Steuervermeidung, übermäßige CO_2-Emissionen sowie politische Einflussnahme auf nationaler und internationaler Ebene vorgeworfen. Tesla wird kritisiert für seine systematische Ablehnung gewerkschaftlicher Organisation in den USA, in Deutschland und Schweden sowie für Menschenrechtsverletzungen entlang der Lieferketten. Meta, als weltweit führendes Social-Media-Unternehmen, soll laut dem Bericht die Ausbreitung rechtsextremer Bewegungen durch mangelhafte Moderation und gezielte Plattformstrategie begünstigt haben. Zudem habe das Unternehmen versucht, datenschutzrechtliche Regulierungen zu unterlaufen, und entsprechende Maßnahmen von Staaten aktiv bekämpft. Der Bericht kommt zu dem Schluss, dass in einer Zeit, in der rund vier Milliarden Menschen weltweit zur Wahl von Parlamenten und Politikern aufgerufen sind, transnationale Unternehmen ein wachsendes Maß an politischer Macht ausüben – oft ohne demokratische Rechenschaftspflicht.[36]

Ein ähnliches Phänomen lässt sich mit Blick auf das Weltwirtschaftsforum in Davos beobachten. Das Forum ist eine jährlich stattfindende Konferenz, bei der sich politische Entscheidungsträger, Spitzenmanager internationaler Konzerne, Wissenschaftler und Vertreter der Zivilgesellschaft treffen, um globale Herausforderungen zu diskutieren. 1971 gegründet vom deutschen Ökonomen Klaus Schwab, versteht sich das Forum als Plattform für öffentlich-private Kooperationen zur Lösung weltweiter Probleme.

Im Rahmen des Forums präsentieren sich zahlreiche Unternehmensführer als verantwortungsbewusste Akteure, die sich den sogenannten »Grand Challenges« unserer Zeit, dem Klimawandel, geopolitischen Krisen, sozialer Ungleichheit oder dem digitalen Strukturwandel, stellen. In ihren Reden und auf Podiumsdiskussionen betonen die Firmenchefs regelmäßig, dass Unternehmen nicht nur wirtschaftliche, sondern auch gesellschaftliche Verantwortung tragen und daher eine gestaltende Rolle bei der Lösung globaler Probleme übernehmen müssten. Der Diskurs in Davos ist dabei stark geprägt von Begriffen wie »Stakeholder Capitalism«, »Corporate Purpose« oder »Inclusive Growth«, die suggerieren, dass Unternehmen über ihre traditionelle Marktrolle hinaus gesellschaftliche Impulse setzen können und sollen.[37]

Kritiker wie Rhodes und Fleming werfen jedoch ein, dass diese Selbstverpflichtungen oftmals unverbindlich bleiben und als strategisches Reputationsmanagement dienen, während strukturelle Beiträge zur Lösung der Herausforderungen – etwa durch faire Lieferketten, Steuertransparenz oder demokratisch legitimierte Regulierung – wenn überhaupt, dann nur zögerlich umgesetzt werden. Dieser »woke« Kapitalismus wäre dann ein »Wolf im Schafspelz«, eine Strategie der mächtigen Wirtschaftslenker und -lenkerinnen, um unter dem Deckmantel moralischer Integrität die bestehende kapitalistische Ordnung mit all ihren Ungerechtigkeiten zu stabilisieren. Unternehmen präsentieren sich als Teil der Lösung, obwohl sie nicht selten selbst Teil des Problems sind. Kritiker wie Rhodes und Fleming bemängeln entsprechend, dass Davos vor allem das Symbol einer entgrenzten Elitenvernetzung sei, bei der ökonomische Interessen in intransparenten Strukturen die traditionellen politischen Gestaltungsmöglichkeiten verdrängen.[38]

Eine besondere Problematik entsteht auch hier durch die strittige Legitimation des politischen Engagements von Unternehmen. Wenn Konzernchefs sich in Davos oder anderswo gegen Diskriminierung engagieren, Diversitäts- und Klimaziele formulieren oder Arbeitsschutzstandards festlegen, geschieht dies häufig über freiwillige Selbstverpflichtungen, ohne gesetzliche Rückbindung oder öffentliche Deliberation. Es sind dann die Unternehmen, die bestimmen, wie viel Arbeitnehmer-, Menschenrechts-, Minderheiten- oder Klimaschutz zu viel oder zu wenig ist. Auf diese Weise wird politische Steuerung ersetzt durch eine marktförmige Moral. Was gut ist fürs Geschäft, das wird gemacht. Und wenn sich der Wind dreht, wird es wieder abgeschafft. Gleichzeitig schaffen Unternehmen mit ihrer Rhetorik eine politische Kultur, die Regierungen und zunehmend als ineffizient oder überfordert erscheinen lassen, während CEOs als pragmatische Problemlöser stilisiert werden.

In diesem Kontext stellt sich auch die Frage, welche Motive Larry Fink, den CEO von BlackRock, dazu veranlassen, sich in seinen jährlichen Schreiben an die Führungsetagen internationaler Großunternehmen nicht nur mit ökonomischen, sondern zunehmend auch politischen Erwartungen zu äußern. BlackRock ist mit einem verwalteten Vermögen von über acht Billionen US-Dollar (Stand: 2020er-Jahre) die weltweit größte Kapitalverwaltungsgesellschaft und zählt damit zu den einflussreichsten Akteuren des globalen Finanzsystems.

In seinem Brief aus dem Jahr 2019 mit dem Titel »Purpose and Profit« skizziert Fink ein Szenario zunehmender politischer Dysfunktionalität in westlichen Demokratien. Staaten, so seine Diagnose, seien immer weniger in der Lage, zentrale gesellschaftliche Herausforderungen wie den Klimawandel, soziale Ungleichheit oder die Sicherung der Altersvorsorge angemessen zu bewältigen. Vor diesem Hintergrund argumentiert Fink, dass sich Bürgerinnen und

Bürger vermehrt an Unternehmen wenden, und das nicht nur, um ihre wirtschaftlichen Bedürfnisse zu befriedigen, sondern auch in der Hoffnung, dort Lösungen für gesellschaftliche Probleme zu finden. Die implizite Schlussfolgerung dieses Narrativs lautet: Unternehmen sollen und müssen gesellschaftliche Führungsrollen übernehmen, insbesondere dort, wo staatliche Institutionen als handlungsunfähig wahrgenommen werden.[39]

Diese Selbstdarstellung Finks als verantwortungsvoller Kapitalist mit seinem Plädoyer für die Substitution politischer Institutionen durch privatwirtschaftliche Unternehmen steht im Zentrum der Kritik am woken Kapitalismus. So argumentieren etwa Rhodes und Fleming[40], dass Finks Position exemplarisch für einen Trend steht, der als Political Corporate Social Responsibility (PCSR) bezeichnet wird: Unternehmen übernehmen staatliche Aufgaben, sei es bei der Bereitstellung öffentlicher Güter, bei der Steuerung gesellschaftlicher Debatten oder in der Wahrnehmung politischer Verantwortung.

Diese Entwicklung wird häufig als Antwort auf globale Herausforderungen in einer postnationalen Welt gedeutet, in der Staaten ihre Steuerungsfähigkeit vermeintlich verloren haben. Rhodes und Fleming argumentieren jedoch, dass diese Entwicklung nicht neutral oder wohltätig ist, sondern in den Dienst eines neoliberalen Machtprojekts tritt. Der Rückzug des Staates wird dabei nicht als Problem, sondern als Gelegenheit zur Expansion unternehmerischer Kontrolle verstanden. Larry Finks Inszenierung als Hüter gesellschaftlicher Stabilität verschleiert, dass seine Vorschläge auf eine Privatisierung des Politischen hinauslaufen und damit auf eine schleichende Entdemokratisierung. Unternehmen sollen und dürfen sich zwar politisch engagieren, aber sie dürfen nicht gleichzeitig Spieler, Regelmacher und Schiedsrichter sein.[41] Problematisch ist diese Entwicklung also vor allem deshalb, weil sie demokratische Legitimität durch ökonomische Macht ersetzt. Während Staaten und Regierungen zumindest prinzipiell einer Rechenschaftspflicht unterliegen, die Teilhabe gesellschaftlicher Gruppen am politischen Prozess organisieren müssen und durch das Prinzip der Gewaltenteilung kontrolliert werden können, fehlt Unternehmen wie BlackRock jede institutionalisierte demokratische Kontrolle. Wenn Akteure wie Larry Fink öffentlichkeitswirksam den Eindruck erwecken, sie könnten oder sollten die Aufgaben schwächelnder Demokratien übernehmen, verschiebt sich das Verständnis politischer Verantwortung gefährlich, nämlich weg von den Bürgerinnen und Bürgern, hin zu den Führungsetagen multinationaler Konzerne. Damit wird nicht nur der Staat entmachtet, sondern auch das politische Gemeinwesen selbst unterlaufen. Was als prosoziale Verantwortung erscheint, ist in Wirklichkeit Teil einer hegemonialen Strategie zur politischen Ausdehnung unternehmerischer Interessen und letztlich ein Symptom der Krise demokratischer Selbstbestimmung im Zeitalter des Finanzkapitalismus.

Genau hier sehe ich – ähnlich wie Rhodes und Fleming – die demokratietheoretische Brisanz: Wenn politische Gestaltungskompetenz stillschweigend an privatwirtschaftliche Akteure delegiert wird, verlieren die Institutionen in liberalen Demokratien an Autorität und damit auch an Vertrauen. Mich überzeugt diese heftige Kritik nicht deshalb, weil sie das politische Engagement von Unternehmen pauschal ablehnt, sondern weil sie die strukturellen Voraussetzungen und möglichen Folgen dieses Engagements ernst nimmt. Woker Kapitalismus, so lässt sich zugespitzt sagen, ist keine progressive Transformation des Finanzkapitalismus, sondern vielmehr eine besonders geschickte Wiederholung und Wiederverwertung seiner grundlegenden Macht- und Profitmechanismen. Die in moralischer Rhetorik verpackte Kommunikation (Purpose, Stakeholder Capitalism, Shared Value) suggeriert Wandel, ist aber eigentlich nur ein kuscheliger verpacktes »Weiter-so«.

Schlimmstenfalls führt diese Art von hohlen, aber zugleich wirkungsvollen Lobbying-Strategien dazu, dass die politische Autorität von gewählten politischen Instanzen abfließt und Akteure – also Unternehmen, Plattformen, Investoren – stärkt, die sich einer demokratischen Kontrolle weitgehend entziehen.[42]

Was Unternehmen jetzt tun sollten – eine Agenda zur Stärkung der liberalen Demokratie

Meine bisherigen Überlegungen sollten verdeutlichen, dass das politische Engagement von Unternehmen weder naiv begrüßt noch pauschal zurückgewiesen werden sollte. Einerseits können sich Unternehmen und ihre Manager in einer Zeit, in der in Deutschland und anderswo die offene Gesellschaft immer mehr unter Druck gerät, nicht nur als ökonomische und vermeintlich neutrale Akteure begreifen. Unternehmen sind politische Akteure, die durch ihre materiellen und immateriellen Ressourcen mithelfen können, die Resilienz der liberalen Demokratie zu stärken. Wie ich eingangs schon feststellte, ist in Deutschland jeder Manager, jede Unternehmerin zugleich – oder vor allem – Bürger bzw. Bürgerin eines republikanischen Staates. Sie sollten sich des Privilegs bewusst sein, in einer offenen Gesellschaft zu leben und zu wirtschaften, die nicht zuletzt auch langfristige ökonomische Interessen sichert, vor allem aber die Freiheit jedes Einzelnen schützt. Wenn die offene Gesellschaft durch Populisten unter Druck gerät, braucht es auch wachsame und verantwortungsvolle Managerinnen und Unternehmer, die sich gegen die Feinde der Demokratie engagieren. Wenn sie dies trotz ihrer erheblichen Ressourcen und ihres großen Einflusses nicht tun, lässt sich ihnen eine stille Komplizenschaft mit ebenjenen Kräften vorwerfen, die die liberale Demokratie bedrohen.

Andererseits sind Manager und Unternehmerinnen auch Teil jener Machtstrukturen, die demokratische Aushandlungsprozesse untergraben können, wenn sie sich politische Autorität aneignen. Ein Blick auf die Techmilliardäre des

Silicon Valley, aber auch auf die Gefahren, die demokratischen Systemen durch einen »woken Kapitalismus« drohen, führt uns eindrücklich vor Augen, wie schmal der Grat zwischen verantwortungsvollem Handeln und politischer Selbstermächtigung ist. Entscheidend ist daher nicht allein, dass Unternehmen Haltung zeigen, sondern wie, wo und unter welchen Bedingungen sie dies tun. Ein undifferenziertes politisches Engagement läuft Gefahr, das Gegenteil dessen zu bewirken, was es intendiert. Schlimmstenfalls trägt es zur Schwächung der liberalen Demokratie und zu einer weiteren Polarisierung der Gesellschaft bei.

Abschließend möchte ich hier deshalb einige Vorschläge machen, die Unternehmen umsetzen können, um sich politisch klar gegen die rechtspopulistische und rechtsextreme Bedrohung einzusetzen, ohne gleichzeitig die Strukturen der liberalen Demokratie zu unterminieren. Meine Vorschläge beruhen auf der Überzeugung, dass das politische Engagement von Unternehmen für die offene Gesellschaft – letztendlich also auch für den politischen Liberalismus – nicht per se demokratiegefährdend sein muss, wohl aber sorgfältig eingehegt werden sollte.

Konsistenz und Kohärenz sichern

Das politische Engagement von Unternehmen sollte möglichst widerspruchsfrei und die einzelnen Maßnahmen sollten in sich stimmig und miteinander verknüpft sein. Um das zu erreichen, dürfen sich Unternehmen nicht ausschließlich auf den »Business Case«, also auf den instrumentellen Nutzen, der aus dem Schutz der offenen Gesellschaft und ihrer Prinzipien resultiert, verlassen. Vielmehr brauchen Unternehmen eine sicherlich aufwendige Reflexion zu Fragen des Corporate Citizenship und des Corporate Purpose. Die Führungskräfte in einem Unternehmen sollten Klarheit dahingehend entwickeln, welche Rolle ihrem Unternehmen in der Gesellschaft zukommt und dass Unternehmen, ähnlich wie normale Bürgerinnen, neben zahlreichen Rechten, welche sie von der Gesellschaft erhalten, auch Pflichten haben, auf deren Erfüllung die Gesellschaft einen legitimen Anspruch hat.

Vor diesem Hintergrund schlage ich vor, dass Unternehmen den Aufbau eines »Wertekompasses« anstreben, in dem die wesentlichen Unternehmenswerte und eine grundlegende Haltung – etwa im Hinblick auf die liberale Demokratie und auf Menschenrechte – klar definiert sind. Dieser langfristig ausgerichtete Kompass gibt allen Mitarbeiterinnen und Mitarbeitern Orientierung und ermöglicht klare Entscheidungen der Geschäftsführung. Er dient als Grundlage für einen systematischen und standardisierten Umgang mit wertebezogenen Entscheidungen im Unternehmen und steht damit im Gegensatz zu aktionistischen und personenabhängigen Aktivitäten.

Von diesen Vorgaben lassen sich auch Wertepositionierungen ableiten und gegenüber der Belegschaft wie der Gesellschaft begründen. Dieser »Reason Why« sichert die Glaubwürdigkeit, gerade wenn eine Haltung gegenüber Stakeholder-Gruppen mit unterschiedlichen Erwartungen kommuniziert werden soll. Ein derartiger Wertekompass kann zum Beispiel eine klare Positionierung gegen populistische und extreme politische Entwicklungen, Aussagen zum Schutz der liberalen Demokratie, zur Stärkung demokratischer Werte, zur Wertschätzung von Vielfalt oder zum Verhalten in Regionen mit unterschiedlichen Werteräumen enthalten .[1]

Zur Erinnerung: Zahlreiche US-amerikanische Unternehmen setzten sich in den vorvergangenen Jahren im Hinblick auf die Wahrung der Menschenrechte für Vielfalt, also für die Anerkennung und Repräsentanz von Unterschieden bezüglich Geschlecht, ethnischer Herkunft, Fähigkeiten, Alter und sexueller Orientierung ein. Sie förderten Chancengleichheit, also die Beseitigung von strukturellen Hindernissen, damit alle Mitarbeitenden – unabhängig von ihren Voraussetzungen – faire Zugänge zu Chancen und Entwicklungsmöglichkeiten erhalten. Zudem schufen sie aktiv ein Umfeld, in dem sich alle Mitarbeitenden wertgeschätzt fühlen, ihre Perspektiven einbringen und ihre Zugehörigkeit wirklich erleben können. Diese Maßnahmen, oder zumindest ihre Herleitungen, spiegeln die Werte einer offenen Gesellschaft wider.

Nach dem Wahlsieg Donalds Trumps und dem Beginn seiner zweiten Amtszeit als US-Präsident beugten sich allerding immer mehr US-Konzerne, aber auch deutsche Unternehmen, dessen politischem Kurs der Ausgrenzung missliebiger gesellschaftlicher Gruppen.

Auch das deutsche Software-Unternehmen SAP hat im Mai 2025 unter dem Druck der Trump-Administration entschieden, zentrale Elemente seiner Diversity- und Inklusionsstrategie zurückzufahren. SAP strich sein firmeninternes Ziel, den Frauenanteil auf 40 Prozent in der Belegschaft zu steigern, und schaffte entsprechende Vorgaben für Führungskräfte in den USA ab. Im April erklärte auch T-Mobile, die US-Tochter des Mobilfunkkonzerns Deutsche Telekom, dass sie ihre Maßnahmen im Bereich Diversity, Equity und Inclusion (DEI) weitgehend aufgeben werde. Die beiden Unternehmen zählen damit zu den ersten großen deutschen Unternehmen, die öffentlich ihren Diversity-Kurs an den neuen politischen Kurs der Trump-Administration in den Vereinigten Staaten angepasst haben.[2]

Wer nun versucht, die von vielen Topmanagern vollzogene Rolle rückwärts und den Hechtsprung nach rechts als geschicktes politisches Manöver zu etikettieren, liegt falsch. Die Unternehmen zerstören mit ihrer Anbiederei an ihre neuen politischen Herren im Weißen Haus eine in Jahren mühsam aufgebaute Reputation.

Die amerikanischen Großbanken und Tech-Unternehmen sind nicht zuletzt aufgrund ihrer zweifelhaften Geschäftspraktiken seit Langem nicht nur innerhalb der EU umstritten. Zwar trug die Mischung aus philanthropischem Engagement, dem Einsatz für Menschenrechte, dem Engagement gegen Diskriminierung und einer gewissen Distanz zu politischen Autokraten in der Vergangenheit durchaus positiv zu ihrer »Social Licence to Operate« bei, und das galt gleichermaßen auch für Unternehmen anderer Branchen.

Doch wie fadenscheinig dieses Legitimitätsmäntelchen tatsächlich war, zeigt sich jetzt. Wer kann diesen Unternehmen nun überhaupt noch irgendetwas glauben oder ihnen (ver)trauen? Eine alte Weisheit aus der Kommunikationsforschung lautet: »Es dauert zwanzig Jahre, um sich eine Reputation aufzubauen, und fünf Minuten, um sie zu ruinieren.«

Politisches Engagement an demokratische Strukturen rückbinden

In meinen Arbeiten habe ich immer wieder betont, dass Unternehmen keine politischen »Alleinakteure« sein sollten[3]. Wer sich politisch positioniert, muss dies unter Bedingungen tun, die mit demokratischen Normen vereinbar sind. Dazu gehört für Unternehmen zuallererst die Einbettung des politischen Engagements in transparente, nachvollziehbare und gegebenenfalls revidierbare Entscheidungsprozesse. Damit das politische Engagement für die offene Gesellschaft die intendierte Wirkung entfalten kann, muss es zudem begründet, erklärt und zur Diskussion gestellt werden.

Viel zu häufig nutzen Unternehmen bei ihren Versuchen, die liberale Demokratie zu schützen, allerdings jene Kommunikationstaktiken, die sie auch anderswo zum Schutz ihrer Interessen einsetzen. Diese Lobbying-Taktiken zeichnen sich häufig durch ihren monologischen Charakter und einen Mangel an Einbindung relevanter Stakeholder aus. Wenn Unternehmen Presseanzeigen schalten (Edeka), Unternehmer in Briefen an ihre Belegschaft dazu aufrufen, die AfD nicht zu wählen (Würth), oder Manager in Pressestatements und über die sozialen Medien vor der AfD warnen (Deutsche Bank), senden sie zwar eine Nachricht, verwehren den Rezipienten aber den Dialog und degradieren diese letztlich zu bloßen Zuhörern. Die demokratische Öffentlichkeit ist aber eben kein strategisch zu bespielendes und zu beeinflussendes Publikum, sondern ein konstitutives Gegenüber, das Legitimität verleihen oder eben verweigern kann. Legitimität entsteht nicht durch Reichweite oder dringliche moralische Appelle allein, sondern durch die Bereitschaft, sich mit Gegenargumenten auseinanderzusetzen und eigene Positionen zur Diskussion zu stellen.[4] Wer politisch Verantwortung übernehmen will, muss Dialog und idealerweise sogar Beteiligung ermöglichen.[5]

Um dies zu gewährleisten, könnten Unternehmen, allein oder gemeinsam mit anderen Akteuren, zum Beispiel Dialogformate zum Thema »offene Gesellschaft« mit Mitarbeitenden, interne Diskussionsreihen und andere moderierte Foren, in denen Widerspruch zugelassen und bearbeitet wird, schaffen. Das Topmanagement sollte sich ebenfalls diesem Diskurs stellen. Meinungsbeiträge in den Leitmedien, auf Social Media und nicht selten in Pressestatements mögen mit guter Intention verfasst sein, aber sie ermöglichen eben kaum Dialog. Wenn sich die Führungen der Unternehmen von den Populisten nicht als elitäre Bevormunder schelten lassen wollen, ist die wirkungsvollste Strategie, sich dem Dialog mit Mitarbeitenden und einer größeren Öffentlichkeit, etwa in Townhall Meetings, Talkshows und anderen Foren, zu stellen. Kurzum: Wer politische Verantwortung übernehmen will, muss mehr bieten als professionelle Kommunikation oder Lobbying – er muss sich dem öffentlichen Diskurs öffnen und wenn notwendig sogar selbst Räume dafür schaffen. Nur auf diese Weise kann das politische Engagement auch dann legitim bleiben, wenn es sich in gesellschaftlich hochgradig umkämpfte Felder hineinbegibt. Andernfalls läuft es Gefahr, die für die liberale Demokratie konstitutiven Prinzipien unbeabsichtigt zu untergraben.

Gewerkschaften und betriebliche Mitbestimmung aufwerten

Viele Linke betrachten die Interessen von Arbeitnehmern und denen der Besitzer von Produktionsmitteln – der Kapitalisten – als unvereinbar und unüberbrückbar. Die daraus entstehenden Konflikte führen laut Karl Marx irgendwann zu einer Revolution des Proletariats[6], auf der dann eine neue, gerechtere Gesellschaftsordnung aufgebaut werden kann.

In Deutschland und anderswo lässt diese Revolution auf sich warten, und die Diskussion über eine sozialistische Alternative ist mit dem Zusammenbruch der Sowjetunion und ihrer Vasallenstaaten politisch weitgehend vom Tisch. Kein Wunder, denn um die konträren Interessen von Arbeitnehmern und Arbeitgebern auszugleichen und den sozialistischen und faschistischen Versuchungen eine attraktive Alternative entgegenzusetzen, haben die Begründer der sozialen Marktwirtschaft nach dem Zweiten Weltkrieg in Deutschland etwas ziemlich Geniales eingeführt: die betriebliche Mitbestimmung.

Mit dem Betriebsverfassungsgesetz von 1952 und seiner umfassenden Novellierung 1972 wurde ein rechtlicher Rahmen geschaffen, der den Arbeitnehmern über demokratisch gewählte Betriebsräte weitreichende Informations-, Anhörungs- und Mitwirkungsrechte im Unternehmen einräumt. Konkret dürfen in Betrieben mit mindestens fünf ständig wahlberechtigten Beschäftigten die Mitarbeitenden einen Betriebsrat wählen, der unter anderem bei Fragen der Arbeitszeit, des Gesundheitsschutzes, der Weiterbildung und vor allem bei personellen Einzelmaßnahmen mitbestimmt. Diese Form der Mitbestimmung zielt nicht auf eine grundlegende Machtteilung, sondern auf einen institutionalisierten Interessenausgleich im Rahmen unternehmerischer Entscheidungen: Kooperation statt Konfrontation lautet die Erfolgsformel. Die betriebliche Mitbestimmung ist damit ein zentraler Bestandteil des »Modells Deutschland« und Ausdruck einer sozialpartnerschaftlichen Ordnung der Arbeitsbeziehungen.

Wie oben beschrieben beschränkt sich das politische Engagement zum Schutz der offenen Gesellschaft häufig auf monologische öffentlichkeitswirksame Maßnahmen: Pressemitteilungen, Imagekampagnen, Stellungnahmen von CEOs auf sozialen Medien usw. Dieses Engagement bleibt oberflächlich und ist möglicherweise sogar kontraproduktiv, wenn es nicht von einer innerbetrieblichen demokratischen Kultur getragen wird. In diesem Zusammenhang bietet die betriebliche Mitbestimmung in Deutschland einen bislang erstaunlich wenig beachteten, aber strukturell verankerten Ansatzpunkt für glaubwürdiges politisches Engagement von Unternehmen.

Ein möglicher Weg, zur Stärkung der liberalen Demokratie beizutragen, liegt in der Gestaltung der Arbeitswelt selbst. Wie die Leipziger Autoritarismus-Studie 2024[7] zeigt, kann das Gefühl von Ohnmacht am Arbeitsplatz einen Nährboden für rechtsextreme Einstellungen bilden.

Zentral für das subjektive Wohlbefinden im Beruf sei daher, ob Beschäftigte das Gefühl haben, aktiv an der Gestaltung ihres Arbeitsumfelds mitwirken zu können. Wer sich heute als Unternehmen wirksam gegen Rechtspopulismus und andere autoritäre Verlockungen positionieren will, sollte seine Botschaft nicht nur nach außen senden, sondern auch offensiv nach innen vertreten. Dies kann durch die aktive Förderung und Aufwertung betrieblicher Mitbestimmungsstrukturen geschehen.

Betriebsräte und gewerkschaftliche Vertrauensleute verkörpern eine institutionalisierte Form der Teilhabe, die nicht nur auf ökonomische Interessensvermittlung beschränkt ist. Vielmehr sind sie – gerade in politisch polarisierten Zeiten – prädestiniert, als demokratische Stabilitätsanker innerhalb der Unternehmen zu wirken. Anders als Führungskräfte, die oft mit einem gewissen strategischen Kalkül kommunizieren müssen oder schlimmstenfalls als Eliten diskreditiert sind, verfügen Arbeitnehmervertretungen über eine große Nähe zur Belegschaft, über gewachsene Vertrauensverhältnisse und über eine spezifische Kompetenz im Umgang mit Konflikten. Diese Eigenschaften machen sie zu glaubwürdigen Fürsprechern demokratischer Grundwerte – insbesondere in Regionen, in denen populistische Einstellungen verbreitet sind und gesellschaftliche Spaltungstendenzen bis tief in die Betriebe hineinreichen. Gerade dort, wo Geschäftsführungen mit gut gemeinten Statements Gefahr laufen, als Teil einer »entfremdeten Elite« wahrgenommen zu werden, können Betriebsräte authentischer, wirksamer und nachhaltiger agieren.

Aus dieser Überlegung ergeben sich konkrete betriebliche Handlungsperspektiven: Die Thematisierung demokratiepolitischer Fragestellungen im betrieblichen Alltag kann etwa durch gemeinsame Schulungsangebote, regelmäßige Fortbildungen zur demokratischen Streitkultur oder innerbetriebliche Dialogformate erfolgen. Dabei kommt es nicht auf eine parteipolitische Positionierung an, sondern auf die Förderung politischer Urteilskraft und demokratischer Diskursfähigkeit. Eine enge Zusammenarbeit zwischen Unternehmensführung und Arbeitnehmervertretung kann in diesem Kontext zudem nicht nur der Prävention demokratiefeindlicher Haltungen dienen, sondern als Frühwarnsystem wirken. Betriebsräte sind oft die Ersten, die wahrnehmen, wenn in Teams autoritäre Einstellungen oder ausgrenzende Tendenzen zutage treten. Gemeinsam mit der Unternehmensführung können die Arbeitnehmervertreterinnen dann rechtzeitig gegensteuern, und zwar nicht mit moralischer Überlegenheit, sondern beispielsweise mit Gesprächsangeboten, Aushandlungsprozessen und konkreten Schulungsmaßnahmen.

Auch wenn Managerinnen und Manager die Koordination mit Arbeitnehmervertretungen bisweilen als mühsam und langwierig erleben, ist die betriebliche Mitbestimmung weit mehr als eine arbeitsrechtliche Pflichtübung. Richtig verstanden, kann sie zu einem wirksamen Instrument für die Verteidigung der offenen Gesellschaft aus den Unternehmen heraus werden. Wo Belegschaften in Entscheidungsprozesse eingebunden sind, wo Konflikte im Dialog bearbeitet werden und wo demokratische Prinzipien geübt werden, dort wird der Betrieb selbst zum Lern- und Schutzraum liberaler Demokratie.

Sollten Unternehmensleitungen und Arbeitnehmervertretungen nicht in der Lage oder nicht bereit sein, gemeinsam Verantwortung zu übernehmen, verfehlen sie nicht nur ihre Funktion als soziale Partner, sondern sie riskieren auch, eine der tragenden Säulen der sozialen Marktwirtschaft den Feinden der offenen Gesellschaft zu überlassen. Gerade die dialogische Aushandlung unterschiedlicher Interessen im Rahmen betrieblicher Mitbestimmung ist ein zivilisatorischer Fortschritt, der nicht leichtfertig preisgegeben werden darf. Wenn dieser Raum nicht aktiv verteidigt und ausgestaltet wird, entsteht ein gefährliches Vakuum, das von rechtspopulistischen und extremistischen Kräften zunehmend strategisch genutzt wird.

Bereits vor einigen Jahren rief die AfD in internen Strategiepapieren dazu auf, gezielt Einfluss in bestehenden Gewerkschaften, Personalvertretungen und Betriebsräten zu gewinnen. Um sich langfristig als »Volkspartei« zu etablieren, müsse man einen »Marsch durch die Organisationen« antreten, analog zur Vorgehensweise der 68er-Bewegung, die von der AfD zugleich scharf abgelehnt wird. Besonders die großen, mitgliederstarken Arbeitnehmervertretungen gelten dabei als strategisch geeignetes Instrument zur gesellschaftlichen Verankerung.[8]

Die gezielten Versuche der AfD, sich Einfluss in Betriebsräten zu sichern, sind also mehr als nur symbolpolitische Gesten. Vielmehr sind sie ein Teil der Unterwanderung demokratisch verankerter Machtstrukturen in Unternehmen mit dem Ziel, diese Strukturen künftig für ihre eigenen Zwecke nutzen zu können. Es ist deshalb im ureigensten Interesse sowohl der Unternehmensführungen als auch der Arbeitnehmervertretungen, die betriebliche Mitbestimmung als gemeinsamen Schutzraum gegen demokratiefeindliche Tendenzen zu begreifen und diesen zu verteidigen.

Aufsichtsräte stärken

Trotz der in Deutschland gesetzlich verankerten Sozialpartnerschaft sind Unternehmen »keine kleinen Demokratien«, sondern ganz überwiegend streng hierarchisch geführte Organisationen. Allerdings ist die deutsche Corporate-Governance-Struktur geprägt von einem sogenannten dualistischen System, das eine klare Trennung zwischen Leitung und Kontrolle vorsieht.

An der Spitze einer jeden Aktiengesellschaft und bei GmbHs einer gewissen Größe stehen zwei Organe: der Vorstand, der das Unternehmen operativ führt, und der Aufsichtsrat, der die Geschäftsführung überwacht und zentrale Personalentscheidungen trifft. Der Aufsichtsrat setzt sich typischerweise aus Vertretern der Anteilseigner und – abhängig von der Unternehmensgröße – auch der Arbeitnehmerseite zusammen, was wiederum Ausdruck des deutschen Mitbestimmungsmodells ist. Ergänzt wird diese Struktur durch die Hauptversammlung, in der die Aktionäre grundlegende Entscheidungen treffen.

Diese Architektur soll einerseits unternehmerische Handlungsfähigkeit sichern, andererseits aber auch Macht begrenzen und unterschiedliche Interessen ausbalancieren. Sie reflektiert damit ebenfalls die Vorstellungen einer sozial eingebetteten Marktwirtschaft.

Wenn Unternehmen eine aktive Rolle bei der Verteidigung der offenen Gesellschaften spielen wollen, sollte hierbei nicht allein auf die persönliche Haltung einzelner Führungskräfte vertraut werden. Vielmehr braucht es klare interne Zuständigkeiten, Verfahren und Strukturen, die politisches Engagement transparent, strategisch und legitim gestalten. Eine zentrale Rolle kommt dabei meines Erachtens dem Aufsichtsrat zu. In der deutschen Corporate-Governance-Struktur ist er nicht nur Kontrollorgan, sondern zunehmend auch Mitgestalter strategischer Grundsatzentscheidungen. Damit ist er prädestiniert, das politische Handeln von Unternehmen auf ein solides Fundament zu stellen.

Ich plädiere (mit anderen) dafür, dass Aufsichtsräte das politische Engagement von Unternehmen ausdrücklich als Teil ihrer Verantwortung begreifen und entsprechende Fragen aktiv auf ihre Agenda setzen.[9] Dazu gehören etwa: Welche politischen Grundhaltungen vertritt das Unternehmen? Wo zieht es rote Linien, zum Beispiel im Umgang mit rechtspopulistischen Parteien, mit autokratischen Staaten oder bei Angriffen auf die liberale Demokratie? Unter welchen Bedingungen kann oder muss ein Unternehmen öffentlich Stellung beziehen?

Die grundsätzliche Auseinandersetzung mit der politischen Verantwortung von Unternehmen gehört in das Mandat des Aufsichtsgremiums. Es ist dieser Ort, an dem über grundsätzliche Wertorientierungen und die normative Ausrichtung des Unternehmens diskutiert werden kann. Idealerweise wird hier der bereits angesprochene unternehmensspezifische »Wertekompass« entwickelt, der als Richtschnur für gesellschaftspolitisches Engagement dient. Um dies zu ermöglichen, sollten Unternehmen entsprechende Strukturen und Kompetenzen im Aufsichtsrat aufbauen, etwa in Form von Ethik-, Nachhaltigkeits- oder Gesellschaftsausschüssen, die sich systematisch mit politischen Fragestellungen befassen. Ergänzend können beratende Beiräte mit Expertinnen und Experten aus Wissenschaft,

Gewerkschaften, Nichtregierungsorganisationen oder der politischen Bildung eingesetzt werden, um die Perspektivenvielfalt zu erhöhen und ein vertieftes Verständnis gesellschaftlicher Entwicklungen und Risiken zu fördern.

Dabei geht es ausdrücklich nicht um eine Überdemokratisierung betrieblicher Entscheidungsprozesse, die die unternehmerische Handlungsfähigkeit im Alltagsgeschäft behindern würde. Vielmehr plädiere ich für eine gezielte, themenspezifische Öffnung des Aufsichtsrats, insbesondere für Fragen, die die Rolle und Verantwortung von Unternehmen in der offenen Gesellschaft betreffen. Ein entsprechend kompetenter, im Zweifel auch breiter aufgestellter Aufsichtsrat ist in diesem Zusammenhang nicht nur ein Kontrollorgan, sondern ein strategischer »Ermöglicher«. Er trägt die Verantwortung dafür, dass politisches Engagement im Einklang mit den Werten des Unternehmens steht, den Grundsätzen der liberalen Demokratie genügt und nicht zuletzt auch der langfristigen Resilienz des Unternehmens dient.

Wenn ein Unternehmen ernsthaft gesellschaftspolitische Verantwortung übernehmen will, muss es die institutionellen Voraussetzungen dafür schaffen – und sie konsequent nutzen.

Zivilgesellschaft fördern

Unternehmen können einen wichtigen Beitrag zur Stärkung der liberalen Demokratie leisten, indem sie zivilgesellschaftliche Initiativen unterstützen, die sich für eine offene, pluralistische und tolerante Gesellschaft einsetzen. Sie können Partnerschaften mit Trägern politischer Bildung eingehen oder gemeinnützige Organisationen unterstützen, die im schulischen, beruflichen und universitären Umfeld Werte wie Toleranz, Menschenwürde und Vielfalt fördern. Zahlreiche Unternehmen tun dies bereits – nicht nur individuell, sondern zunehmend auch kollektiv, wie eingangs beschrieben.

Ein besonders weitreichendes Beispiel ist das Bundesnetzwerk »Wirtschaft für ein weltoffenes Deutschland«, dem im Frühjahr 2025 bereits über 2700 Unternehmen – vom Handwerksbetrieb bis zum Großkonzern – angehören. Gemeinsam mit regionalen Ablegern wie »Wirtschaft für einen weltoffenen Norden« organisiert das Netzwerk Dialogformate zwischen Unternehmen, Politik und Zivilgesellschaft, fördert politische Bildung und stärkt demokratische Teilhabe, beispielsweise durch Kooperationsprojekte mit Schulen, Berufsschulen und Ausbildungsbetrieben.

Ziel dieser Aktivitäten ist es, insbesondere junge Menschen zu befähigen, gesellschaftliche Entwicklungen kritisch zu reflektieren, demokratische Prozesse zu verstehen und Verantwortung für das Gemeinwesen zu übernehmen. Diese Formen des kollektiven Engagements zeigen, dass Unternehmen weit über symbolische Bekenntnisse oder individuelle Statements ihrer Führungskräfte hinausgehen können. Sie tragen dazu bei, die Resilienz der offenen Gesellschaft und der sozialen Marktwirtschaft zu stärken, indem sie die Werte der liberalen Demokratie im Arbeits- und Lebensalltag verankern. Damit stärken sie auch die Rahmenbedingungen, die für das erfolgreiche unternehmerische Handeln in einer Gesellschaft, wie wir sie seit dem Ende der 1940er-Jahre kennen, unverzichtbar sind.

Ausblick

Der Historiker Heinrich August Winkler bezeichnet das Jahr 2025 als »tiefste Zäsur der Weltgeschichte seit dem Untergang des Sowjetimperiums (1989–1991), vermutlich sogar seit dem Ende des Zweiten Weltkriegs (1945)«.[1] Winkler bezieht sich damit insbesondere auf die politische Entwicklung in den USA im Zusammenhang mit dem Aufstieg rechtspopulistischer und autoritärer Tendenzen unter Donald Trump sowie deren Auswirkungen auf das internationale System. Der Holocaust-Experte Timothy Snyder nennt Trump inzwischen offen einen Faschisten.[2] Selbst Donald Trumps ehemaliger Stabschef, General John Kelly, erklärt in einem Interview mit der *New York Times,* dass der 45. Präsident der Vereinigten Staaten der Beschreibung eines Faschisten entspreche.[3]

Die Frage, ob Donald Trump wirklich ein Faschist ist, muss hier nicht beantwortet werden. Doch kaum jemand wird bezweifeln, dass ein Populist im Weißen Haus regiert, und es ist beängstigend, zu beobachten, wie Donald Trump und seine Getreuen das Land binnen sechs Monaten seit seinem Amtsantritt im Januar 2025 verändert haben. Sie wenden jede einzelne der von mir oben beschriebenen Herrschaftstechniken an – sie (1) beschränken die Medienfreiheit, sie (2) vereinnahmen staatliche Institutionen, sie (3) agieren als Patrone, bedienen sich der Vetternwirtschaft und bilden klientelistische Strukturen, sie (4) schwächen gezielt die zivilgesellschaftlichen Strukturen, und sie (5) diskreditieren gezielt die politische Opposition. Das ist ein Drehbuch autoritärer Herrschaft par excellence. Wenn Jason Stanley, der Autor des Buches *How Fascism Works*[4], nun befürchtet, dass sich das Land auf dem Weg zu einer Art faschistischer Diktatur befindet[5], kann ich vor dem Hintergrund meiner in diesem Buch angestellten Beobachtungen dagegen kaum etwas einwenden.

Durch die Arbeiten des Ökonomen Albert Hirschmann[6] kennen wir drei Wege, wie sich die Bürger und Bürgerinnen, aber auch die Unternehmen eines Landes in einer solchen politischen Situation verhalten können. Sie können das Land verlassen *(exit)*, sie können sich loyal gegenüber dem Regime zeigen, vielleicht sogar in der Hoffnung, davon profitieren zu können *(loyalty)*, und sie können sich in verschiedener Art und Weise gegen das Regime wenden und sich für den Erhalt demokratischer Institutionen und Verfahren einsetzen *(voice)* – einige Beispiele und Vorschläge für Letzteres habe ich in den vergangenen Kapiteln vorgestellt.

Wir werden in den nächsten Monaten und Jahren beobachten können, wie sich die US-amerikanischen Unternehmen und ihre Führungskräfte in dieser historisch beispiellosen Situation verhalten werden. Sollten sich die jüngsten politischen Entwicklungen in den USA in dieser Weise fortsetzen, ist schon jetzt klar, dass sich die Handlungsräume für ein Engagement gegen die Populisten und für die offene Gesellschaft schnell schließen werden. Wenn ich hier also fordere, dass sich Unternehmen als republikanische Unternehmensbürger – als Corporate Citoyens – für die offene Gesellschaft und gegen Populismus engagieren, dann ist dies schon heute für US-amerikanische Unternehmen einfacher gesagt als getan. Bereits jetzt geht Trump gegen seine Kritiker und Opponenten – auch gegen Unternehmen – zunehmend brachial vor: Er erlässt präsidiale Dekrete, die es Unternehmen erheblich erschweren, ihre ESG-Programme (Environmental, Social, Governance) weiterzuführen, er entzieht unliebsamen Anwaltskanzleien Sicherheitsfreigaben und blockiert Bundesaufträge, er verklagt kritische Medienanstalten – die Liste seiner Einschüchterungen ist lang. Voraussichtlich wird es nicht mehr lange dauern, bis jede Kritik, jedes politisch ungewünschte Verhalten von Unternehmen staatlicherseits sanktioniert und für die Betroffenen mit einem erheblichen betriebswirtschaftlichen Schaden verbunden sein wird. In so einer Situation werden sich Führungskräfte dann wieder fragen müssen, wie viele Einbußen sie für ihre Haltung zur offenen Gesellschaft bereit sind, in Kauf zu nehmen. Wie viele Arbeitsplätze werden aufgrund ihres politischen Engagements für die offene Gesellschaft und des daraus resultierenden politischen Gegenwinds gefährdet? Was ist dann wichtiger? Das ökonomische Auskommen zu sichern, Arbeitsplätze zu schützen oder Werte zu verteidigen? Diese Situation wird auch für jene Manager und Unternehmerinnen, die überzeugte Freunde der offenen Gesellschaft sind, zu einer Zerreißprobe werden. Und obwohl ich deutlich gemacht habe, dass Unternehmensführungen eine klare politische Verantwortung jenseits hoher Renditeerwartungen haben, können wir von ihnen kaum Heldentaten erwarten, wenn sich die offene Gesellschaft am Rande des Kollapses befindet oder bereits kollabiert.

Bei aller Tragik bieten die Entwicklungen in den USA eine Chance für die liberale Demokratie in Deutschland und anderswo, weil wir in den USA gleichsam mit einer

Lupe beobachten können, wie verletzlich die offene Gesellschaft letztendlich ist und was passiert, wenn Populisten die Schaltstellen der Macht besetzen. Wir alle – und das ist wohl die wichtigste Botschaft, die wir aus den USA bekommen, können aus diesen Geschehnissen lernen und uns gegen vergleichbare Entwicklungen wappnen.

Denn auch in Deutschland ist die offene Gesellschaft durch Populisten bedroht – die Ergebnisse der AfD bei den Landtags- und Bundestagswahlen in den Jahren 2024 und 2025 und zahllose Analysen zu den politischen Einstellungen der bundesdeutschen Bevölkerung zeigen dies eindrücklich.

Aber anders als in den USA sitzen die Populisten hierzulande noch nicht in den Regierungen oder dominieren diese sogar. Der Möglichkeitsraum für Unternehmen und alle anderen, die sich als Freunde der offenen Gesellschaft verstehen, ebendiese Errungenschaft zu beschützen, ist groß. Grund zur Hoffnung besteht jedenfalls. Eine der zentralen Säulen des Liberalismus ist die Überzeugung, dass soziale Institutionen und politische Verhältnisse gestaltet und prinzipiell verbessert werden können[7] – darauf können wir aufbauen. Grundsätzlich gilt: Wer in einer liberalen Demokratie lebt, unternehmerisch tätig ist und an sie glaubt, muss sie beschützen und daran arbeiten, sie beständig zu verbessern. Wir fangen besser heute damit an.

Dank

Bücher zu schreiben und zu publizieren, ist Teamarbeit. Mein Dank gilt deshalb zuerst dem Team von Droemer Knaur – vor allem meinen Lektoren Martin Kulik und Jürgen Bolz. Danke auch an Jürgen Meyer von der Agentur Rauchzeichen und an Thomas Blanck von Droemer Knaur für ihr Vertrauen. Eckhard Burkatzki, Patricia Disselhof, Julian Loibl, Alina Meyer, Anna Schöndube, Maria Schwerdtner und vor allem Benedikt Kapteina unterstützen mich am Lehrstuhl für Responsible Management der TU Dresden am IHI Zittau. Ohne sie wäre meine Arbeit nicht möglich. Im Arbeitskreis Wirtschaftsethik der Schmalenbach-Gesellschaft befassen wir uns schon seit 2022 mit Fragen zur politischen Verantwortung von Unternehmen. Ich danke allen Mitgliedern und Gästen für die zahlreichen Diskussionen und Anregungen zu diesem Thema. Thomas Beschorner und N. Craig Smith sind seit vielen Jahren Freunde, geschätzte Kollegen und Co-Autoren. Gemeinsam mit ihnen habe ich die ersten kürzeren Beiträge zur Frage veröffentlicht, ob Unternehmen eine Verantwortung zum Schutz der liberalen Demokratie tragen – wir diskutieren dieses Thema regelmäßig miteinander. Mein besonderer Dank gilt Silke Schwaiger, die widerspenstig mit mir diskutiert – sie gibt mir außerdem die Geborgenheit, den Mut und die Freiheit zum Schreiben.

Anmerkungen

Die in den Endnoten angeführten Belege aus dem Internet wurden zuletzt im August 2025 aufgerufen.

Einleitung

1 Sichtermann, Sophia (2025): »Freizeitpark wird für Schild am Eingang gefeiert – ›Müssen leider draußen bleiben‹«. Frankfurter Rundschau, 7. August 2025. Online unter: https://www.fr.de/panorama/freizeitpark-wird-fuer-schild-am-eingang-gefeiert-muessen-leider-draussen-bleiben-zr-93707458.html (abgerufen am 13. August 2025).

2 Deutscher Bundestag (2018): »Einspruch und Ordnungsruf«. Plenarprotokoll 19/39, 18. Mai 2018. Online unter: https://www.bundestag.de/webarchiv/textarchiv/2018/kw20-de-einspruch-ordnungsruf-555494 (abgerufen am 13. August 2025).

3 Kaeser, Joe (2018): Tweet vom 16. Mai 2018. Online unter: https://x.com/JoeKaeser/status/996700947966513152 (abgerufen am 13. August 2025).

4 Zitiert nach: Handelsblatt (2024): »Rechtspopulisten werden zum Investorenschreck«. 3. Januar 2024. Online unter: https://www.handelsblatt.com/finanzen/banken-versicherungen/banken/neujahrsempfang-deutsche-bank-rechtspopulisten-werden-zum-investoren-schreck/100011296.html (abgerufen am 13. August 2025).

5 Deutschlandfunk (2024): »Bertelsmann-Chef Rabe geht auf Distanz zu AfD-unterstützenden Mitarbeitenden«. 3. Februar 2024. Online unter: https://www.deutschlandfunk.de/bertelsmann-chef-rabe-geht-auf-distanz-zu-afd-unterstuetzenden-mitarbeitern-100.html (abgerufen am 13. August 2025).

6 Economist Intelligence Unit (2024): Democracy Index 2024. Online unter: https://www.eiu.com/n/campaigns/democracy-index-2024 (abgerufen am 13. August 2025).

7 Frankfurter Allgemeine Zeitung (2024): »Ein Manifest gegen die Rückkehr des Faschismus«. 15. Februar 2024. Online unter: https://www.faz.net/

aktuell/wissen/ein-manifest-gegen-die-rueckkehr-des-faschismus-110534388.html (abgerufen am 13. August 2025); Stop Return Fascism (2024): »Manifest«. Online unter: https://stopreturnfascism.org (abgerufen am 13. August 2025).

8 Wirtschaftswoche (2023): »Facebook-Konzern weicht Hassrede-Regeln in den USA auf«. 21. Februar 2023. Online unter: https://www.wiwo.de/unternehmen/it/soziales-netzwerk-facebook-konzern-weicht-hassrede-regeln-in-den-usa-auf/30156730.html (abgerufen am 13. August 2025).

9 Vuillard, Éric (2018): *Die Tagesordnung*. Berlin: Matthes & Seitz.

10 Die Erkenntnis, dass Populisten aufgrund ihrer politischen Paranoia geradezu zwangsläufig zu bestimmten Herrschaftstechniken greifen müssen, verdanke ich der Lektüre von Jan-Werner Müllers Essay *Was ist Populismus?*. Insbesondere im zweiten Kapitel verweise ich auf diesen Essay und empfehle die Lektüre allen, die sich über die Gefahren des Populismus informieren wollen: Müller, Jan-Werner (2016): *Was ist Populismus?*. Berlin: Suhrkamp.

Die Verantwortung von Unternehmen: Wert schaffen, Werte beschützen

1 Zitiert nach: Spiegel Online (2024): »BDI-Präsident Siegfried Russwurm über die AfD: Eine Partei, die schädlich ist«. 19. Juni 2024. Online unter: https://www.spiegel.de/wirtschaft/unternehmen/bdi-praesident-siegfried-russwurm-ueber-die-afd-eine-partei-die-schaedlich-ist-a-4bacb7bc-5ce5-4c6a-8930-22e4f6cc3edd (abgerufen am 13. August 2025).

2 dpa (2024): »Aufruf der Ökonomen: Stärker Farbe bekennen gegen Rechts«. Zeit Online, 23. Januar 2024. Online unter: https://www.zeit.de/news/2024-01/23/aufruf-der-oekonomen-staerker-farbe-bekennen-gegen-rechts (abgerufen am 13. August 2025).

3 Beschorner, Thomas / Herrmann, Hartmut (2024): »Rechtsextremismus: Nie wieder ist jetzt – das gilt auch für die Wirtschaft«. Wirtschaftswoche, 23. Januar 2024. Online unter: https://www.wiwo.de/politik/deutschland/rechtsextremismus-nie-wieder-ist-jetzt-das-gilt-auch-fuer-die-wirtschaft/29614786.html (abgerufen am 13. August 2025).

4 Spiegel Online (2023): »Evonik-Chef Christian Kullmann: Wer AfD wählt, gefährdet Jobs«. 23. November 2023. Online unter: https://www.spiegel.de/wirtschaft/unternehmen/evonik-chef-christian-kullmann-wer-afd-waehlt-gefaehrdet-jobs-a-bf527726-763d-47a6-a280-b69bc64dda66 (abgerufen am 13. August 2025).

5 Deutschlandfunk (2024): »Bertelsmann-Chef Rabe geht auf Distanz zu AfD-unterstützenden Mitarbeitenden«. 3. Februar 2024. Online unter:

https://www.deutschlandfunk.de/bertelsmann-chef-rabe-geht-auf-distanz-zu-afd-unterstuetzenden-mitarbeitern-100.html (abgerufen am 13. August 2025).

6 Welcome Saxony (o. J.): »Wir sind Impulsgeber – Mitgründer des Bundesnetzwerkes ›Wirtschaft für ein weltoffenes Deutschland‹«. Online unter: https://www.welcomesaxony.de/wir-sind-impulsgeber-mitgruender-des-bundes-netzwerkes-wirtschaft-fuer-ein-weltoffenes-deutschland (abgerufen am 13. August 2025).

7 LinkedIn (o. J.): Suchergebnisse zu »Unternehmen gegen Rechts«. Online unter: https://www.linkedin.com/search/results/all/?keywords=unternehmen%20gegen%20rechts (abgerufen am 13. August 2025).

8 Scholz, Markus / Smith, N. Craig (2023): »Business and Politics Should Never Mix – Or Should They?«. INSEAD Knowledge. Online unter: https://knowledge.insead.edu/leadership-organisations/business-and-politics-should-never-mix-or-should-they (abgerufen am 13. August 2025).

9 Friedman, Milton (1962/ 2002): Capitalism and Freedom. Chicago: University of Chicago Press. Deutsche Ausgabe: Friedman, Milton (2004): Kapitalismus und Freiheit. München: Piper. Siehe auch: Friedman, Milton (1970): »A Friedman Doctrine: The Social Responsibility of Business Is to Increase Its Profits«. The NewYork Times Magazine, 13. September 1970.

10 Prange, Sven (2023): »Kommentar: Schluss mit politischer Abstinenz, liebe Manager«. Handelsblatt, 24. Mai 2023. Online unter: https://www.handelsblatt.com/meinung/kommentare/kommentar-schluss-mit-politischer-abstinenz-liebe-manager/28888220.html (abgerufen am 13. August 2025).

11 Vgl. ausführlich: Hofstadter, Richard (1964): »The Paranoid Style in American Politics«. Harper's Magazine, November 1964. Online unter: https://harpers.org/archive/1964/11/the-paranoid-style-in-american-politics/ (abgerufen am 13. August 2025); Müller, Jan-Werner (2016): *Was ist Populismus?*. Berlin: Suhrkamp.

12 Scholz, Markus (2024): »Wie viel politische Verantwortung hat die Wirtschaft?«. Die Presse, 14. Februar 2024. Online unter: https://www.diepresse.com/18140558/wie-viel-politische-verantwortung-hat-die-wirtschaft (abgerufen am 13. August 2025).

13 Soucy, Robert (2025): »Fascism«. In: Encyclopaedia Britannica. Online unter: https://www.britannica.com/topic/fascism (abgerufen am 13. August 2025).

14 Bristow, William (2023): »Enlightenment«. In: The Stanford Encyclopedia of Philosophy, Ausgabe Herbst 2023. Online unter: https://plato.stanford.edu/archives/fall2023/entries/enlightenment (abgerufen am 13. August 2025).

15 Kant, Immanuel (1784): »Beantwortung der Frage: Was ist Aufklärung?«. In: Berlinische Monatsschrift, Heft 12, S. 481–494. Online verfügbar im Deutschen Textarchiv unter: https://www.deutschestextarchiv.de/book/view/kant_aufklaerung_1784?p=18 (abgerufen am 16. April 2025).

16 Schneewind, Jerome B. (1998): The Invention of Autonomy. A History of Modern Moral Philosophy. Cambridge: Cambridge University Press.

17 Kant, Immanuel (1784): »Beantwortung der Frage: Was ist Aufklärung?«. In: Berlinische Monatsschrift, Heft 12, S. 481–494. Online verfügbar im Deutschen Textarchiv unter: https://www.deutschestextarchiv.de/book/view/kant_aufklaerung_1784?p=18 (abgerufen am 16. April 2025).

18 Gray, John (1986): *Liberalism.* Milton Keynes: Open University Press.

19 Horkheimer, Max / Adorno, Theodor W. (1947/2022): *Dialektik der Aufklärung. Philosophische Fragmente.* Frankfurt am Main: S. Fischer.

20 Foucault, Michel (1990): »Was ist Aufklärung?«. In: Erdmann, Eva u. a. (Hrsg.): Ethos der Moderne. Foucaults Kritik der Aufklärung. Frankfurt am Main: Suhrkamp, S. 35-54.

21 Gray, John (1986): *Liberalism.* Milton Keynes: Open University Press.

22 Economist Intelligence Unit (2024): Democracy Index 2024. Online unter: https://www.eiu.com/n/campaigns/democracy-index-2024 (abgerufen am 13. August 2025).

23 Vgl.: Böckenförde, Ernst-Wolfgang (1976): Staat, Gesellschaft, Freiheit. Studien zur Staatstheorie und zum Verfassungsrecht. Suhrkamp, Frankfurt am Main. 2. Auflage, Suhrkamp; Dahl, Robert A. (1971): Polyarchy. Participation and Opposition. New Haven: Yale University Press; Dryzek, John S. (2000): Deliberative Democracy and Beyond. Liberals, Critics, Contestations. Oxford: Oxford University Press; Kommers, Donald P. / Miller, Russell A. (2012): The Constitutional Jurisprudence of the Federal Republic of Germany. Durham: Duke University Press;

24 Popper, Karl R. (2013): *The Open Society and Its Enemies.* Princeton: Princeton University Press.

25 Ebenda.

26 Popper, Karl R. (1935): *The Logic of Scientific Discovery.* London: Routledge.

27 Magee, Bryan (1997): *Popper.* London: Fontana.

28 Popper, Karl R. (2013): *The Open Society and Its Enemies.* Princeton: Princeton University Press.

29 Müller, Jan-Werner (2016): *Was ist Populismus?* Berlin: Suhrkamp.

30 Popper, Karl R. (2013): *The Open Society and Its Enemies.* Princeton: Princeton University Press.

31 Ebenda.

32 Hayek, Friedrich August (1944): *The Road to Serfdom.* London: Routledge.

Hayek, Friedrich August (1960): *The Constitution of Liberty.* Chicago: The University of Chicago Press.

33 Popper, Karl R. (2013): *The Open Society and Its Enemies.* Princeton: Princeton University Press.

34 Hayek, Friedrich August (1960): *The Constitution of Liberty.* London: Routledge.

35 Hayek, Friedrich August (1945): »The Use of Knowledge in Society«. The American Economic Review, 35(4), S. 519–530.

36 Schumpeter, Joseph A. (1950): *Capitalism, Socialism and Democracy.* New York / London: Harper [deutsche Ausgabe: *Kapitalismus, Sozialismus und Demokratie.* Tübingen: Mohr Siebeck, 2018].

37 Bundesrepublik Deutschland (1949): Grundgesetz. Online unter: https://www.gesetze-im-internet.de/gg/BJNR000010949.html (abgerufen am 13. August 2025).

38 Böckenförde, Ernst-Wolfgang (1976): *Staat, Gesellschaft, Freiheit. Studien zur Staatstheorie und zum Verfassungsrecht.* Suhrkamp, Frankfurt am Main. 2. Auflage, Suhrkamp

39 Pötzsch, Horst (2009): *Die deutsche Demokratie.* Bonn: Bundeszentrale für politische Bildung.

40 Böckenförde, Ernst-Wolfgang (1976): *Staat, Gesellschaft, Freiheit. Studien zur Staatstheorie und zum Verfassungsrecht.* Suhrkamp, Frankfurt am Main. Suhrkamp; Höffe, Otfried (2016): Geschichte des politischen Denkens. München: C. H. Beck.

41 Erhard, Ludwig (1948): Rede vor dem 2. Parteikongress der CDU der britischen Zone am 28. August 1948 in Recklinghausen [»Mit der wirtschaftspolitischen Wendung von der Zwangswirtschaft hin zur Marktwirtschaft…«]. Ludwig-Erhard-Stiftung. Online unter: https://www.ludwig-erhard.de/soziale-marktwirtschaft-statt-plan wirtschaft/ (abgerufen am 14. August 2025).

42 Hayek, Friedrich August (1960): *The Constitution of Liberty.* London: Routledge.

43 Eucken, Walter (2004): *Grundsätze der Wirtschaftspolitik.* 7. Aufl. Tübingen: Mohr Siebeck.

44 Papier, Hans-Jürgen (2007): »Wirtschaftsordnung und Grundgesetz«. Aus Politik und Zeitgeschichte (APuZ), 19. März 2007. Online unter: https://www.bpb.de/shop/zeitschriften/apuz/30557/wirtschaftsordnung-und-grundgesetz/ (abgerufen am 13. August 2025).

45 Isensee, Josef / Kirchhof, Paul (Hrsg.) (2007): *Handbuch des Staatsrechts der Bundesrepublik Deutschland. Band 5: Rechtsquellen, Organisation, Finanzen.* 3., völlig neu bearb. und erw. Auflage. Heidelberg: C. F. Müller.

46 Bundesgesetzblatt II (1990): Gesetz zur Währungs-, Wirtschafts- und Sozialunion, BGBl. II, Nr. 31, S. 518.

47 Eucken, Walter (2004): *Grundsätze der Wirtschaftspolitik.* 7. Aufl. Tübingen: Mohr Siebeck.
48 Ebenda.
49 Economist Intelligence Unit (2024): »Democracy Index 2024. Online unter: https://www.eiu.com/n/campaigns/democracy-index-2024 (abgerufen am 13. August 2025).
50 Jaffrelot, Christophe (2021): *Modi's India. Hindu Nationalism and the Rise of Ethnic Democracy.* Princeton: Princeton University Press.
51 Pauly, Marcel / Siemens, Ansgar / Stahl, Matthias / Wiedmann-Schmidt, Wolf (2024): »AfD ist rechtsextrem – hier sind die Belege des Verfassungsschutzes«. Spiegel Online, 7. März 2024. Online unter: https://www.spiegel.de/politik/deutschland/afd-ist-rechtsextrem-hier-sind-die-belege-des-verfassungsschutzes-a-b5fa40e4-a54e-410a-8cc7-ade35d09f77c (abgerufen am 13. August 2025).
52 Statistikportal (2025): »Wahlen«. Online unter: https://www.statistikportal.de/de/wahlen (abgerufen am 13. August 2025).

Der Schutz der offenen Gesellschaft und die Rolle der Unternehmen

1 Friedman, Milton (2002): *Capitalism and Freedom.* Chicago: University of Chicago Press [Erstausgabe 1962]; Friedman, Milton (1970): »A Friedman Doctrine: The Social Responsibility of Business Is to Increase Its Profits«. The New York Times Magazine, 13. September 1970. Online unter: https://www.nytimes.com/1970/09/13/archives/a-friedman-doctrine-the-social-responsibility-of-business-is-to.html (abgerufen am 13. August 2025).
2 Musk, Elon (o. J.): Post auf X. Online unter: https://x.com/elonmusk/status/1859230878234206497 (abgerufen am 13. August 2025).
3 Friedman, Milton (1970): »A Friedman Doctrine: The Social Responsibility of Business Is to Increase Its Profits«. The New York Times Magazine, 13. September 1970. Online unter: https://www.nytimes.com/1970/09/13/archives/a-friedman-doctrine-the-social-responsibility-of-business-is-to.html (abgerufen am 13. August 2025).
4 Ebenda.
5 Diermeier, Matthias / Bergmann, Knut / Zink, Benita (2025): *Implikationen für den Wirtschaftsstandort: Eine politökonomische Analyse der AfD-Forderungen.* Köln: Institut der deutschen Wirtschaft. Online unter: https://www.iwkoeln.de/studien/matthias-diermeier-knut-bergmann-benita-zink-implikationen-fuer-den-wirtschaftsstandort.html (abgerufen am 13. August 2025).

6 Alternative für Deutschland (2025): Bundestagswahlprogramm 2025. Berlin: AfD. Online unter: https://www.afd.de/wp-content/uploads/2025/02/AfD_Bundestagswahlprogramm2025_web.pdf (abgerufen am 13. August 2025).

7 Mion, Giordano / Ponattu, Dominic (2019): Estimating Economic Benefits of the Single Market for European Countries and Regions. Policy Paper. Gütersloh: Bertelsmann Stiftung. Online unter: https://www.bertelsmann-stiftung.de/fileadmin/files/BSt/Publikationen/GrauePublikationen/EZ_Study_SingleMarket.pdf (abgerufen am 13. August 2025).

8 Bardt, Hubertus / Bolwin, Lennart / Busch, Berthold / Matthes, Jürgen (2024): »Dexit würde 690 Milliarden Euro kosten«. Pressemitteilung, Institut der deutschen Wirtschaft, 23. Januar 2024. Online unter: https://www.iwkoeln.de/presse/pressemitteilungen/hubertus-bardt-lennart-bolwin-berthold-busch-juergen-matthes-dexit-wuerde-690-milliarden-euro-kosten.html (abgerufen am 13. August 2025).

9 Diermeier, Matthias / Bergmann, Knut / Zink, Benita (2025): *Implikationen für den Wirtschaftsstandort: Eine politökonomische Analyse der AfD-Forderungen.* Köln: Institut der deutschen Wirtschaft. Online unter: https://www.iwkoeln.de/studien/matthias-diermeier-knut-bergmann-benita-zink-implikationen-fuer-den-wirtschaftsstandort.html (abgerufen am 13. August 2025).

10 Institut für Arbeitsmarkt- und Berufsforschung (2025): »Fachkräftebedarf«. Online unter: https://iab.de/fachkraeftebedarf/ (abgerufen am 13. August 2025).

11 Diermeier, Matthias / Bergmann, Knut / Zink, Benita (2025): *Implikationen für den Wirtschaftsstandort: Eine politökonomische Analyse der AfD-Forderungen.* Köln: Institut der deutschen Wirtschaft. Online unter: https://www.iwkoeln.de/studien/matthias-diermeier-knut-bergmann-benita-zink-implikationen-fuer-den-wirtschaftsstandort.html (abgerufen am 13. August 2025).

12 Alternative für Deutschland (2025): Bundestagswahlprogramm 2025. Berlin: AfD. Online unter: https://www.afd.de/wp-content/uploads/2025/02/AfD_Bundestagswahlprogramm2025_web.pdf (abgerufen am 13. August 2025).

13 Diermeier, Matthias / Bergmann, Knut / Zink, Benita (2025): *Implikationen für den Wirtschaftsstandort: Eine politökonomische Analyse der AfD-Forderungen.* Köln: Institut der deutschen Wirtschaft. Online unter: https://www.iwkoeln.de/studien/matthias-diermeier-knut-bergmann-benita-zink-implikationen-fuer-den-wirtschaftsstandort.html (abgerufen am 13. August 2025).

14 Krieger, Tommy (2024): Auswirkungen einer wirtschaftlichen Abschottung Deutschlands – Eine Kurzexpertise. ZEW Kurzexpertise 24-01.

Mannheim: ZEW – Leibniz-Zentrum für Europäische Wirtschaftsforschung. Online unter: https://ftp.zew.de/pub/zew-docs/ZEWKurzexpertisen/ZEW_Kurzexpertise2401.pdf (abgerufen am 13. August 2025).

15 Diermeier, Matthias / Bergmann, Knut / Zink, Benita (2025): *Implikationen für den Wirtschaftsstandort: Eine politökonomische Analyse der AfD-Forderungen.* Köln: Institut der deutschen Wirtschaft. Online unter: https://www.iwkoeln.de/studien/matthias-diermeier-knut-bergmann-benita-zink-implikationen-fuer-den-wirtschaftsstandort.html (abgerufen am 13. August 2025).

16 Alternative für Deutschland (2025): Bundestagswahlprogramm 2025. Berlin: AfD. Online unter: https://www.afd.de/wp-content/uploads/2025/02/AfD_Bundestagswahlprogramm2025_web.pdf (abgerufen am 13. August 2025).

17 Ebenda.

18 Diermeier, Matthias / Bergmann, Knut / Zink, Benita (2025): *Implikationen für den Wirtschaftsstandort: Eine politökonomische Analyse der AfD-Forderungen.* Köln: Institut der deutschen Wirtschaft. Online unter: https://www.iwkoeln.de/studien/matthias-diermeier-knut-bergmann-benita-zink-implikationen-fuer-den-wirtschaftsstandort.html (abgerufen am 13. August 2025).

19 Hackmann, Angelina / Kholodilin, Konstantin A. / Schildmann, Teresa (2025): »Mehr Migration könnte Potenzialwachstum der deutschen Wirtschaft deutlich erhöhen«. DIW Aktuell 101, Sonderausgabe zur Bundestagswahl 2025, 23. Januar 2025. Online unter: https://www.diw.de/de/diw_01.c.934290.de/publikationen/diw_aktuell/2025_0101/mehr_migration_koennte_potenzialwachstum_der_deutschen_wirtschaft_deutlich_erhoehen.html (abgerufen am 15. August 2025).

20 Diermeier, Matthias / Bergmann, Knut / Zink, Benita (2025): *Implikationen für den Wirtschaftsstandort: Eine politökonomische Analyse der AfD-Forderungen.* Köln: Institut der deutschen Wirtschaft. Online unter: https://www.iwkoeln.de/studien/matthias-diermeier-knut-bergmann-benita-zink-implikationen-fuer-den-wirtschaftsstandort.html (abgerufen am 13. August 2025).

21 Reuters (2018): »AfD nennt Klimawandel ›Irrlehre‹ und will Energiewende beenden«. 28. März 2018. Online unter: https://www.reuters.com/article/world/afd-nennt-klimawandel-irrlehre-und-will-energiewende-beenden-idUSKBN1GZ22A (abgerufen am 13. August 2025).

22 Zeit Online (2019): »Alice Weidel (AfD) über Klimawandel und den Weltklimarat«. 7. Juni 2019. Online unter: https://www.zeit.de/politik/deutschland/2019-06/alice-weidel-afd-klimawandel-weltklimarat (abgerufen am 13. August 2025).

23 Kathe, Sandra (2025): »›Windmühlen der Schande‹ und Remigration: Weidel tobt auf AfD-Parteitag«. Frankfurter Rundschau, 13. Januar 2025. Online unter: https://www.fr.de/politik/windmuehlen-der-schande-und-remigration-weidel-tobt-auf-afd-parteitag-93509912.html (abgerufen am 19. August 2025).

24 Ekberg, Kristoffer / Forchtner, Bernhard / Hultman, Martin / Jylhä, Kirsti M. (2022): *Climate Obstruction: How Denial, Delay and Inaction are Heating the Planet.* London: Routledge.

25 Alternative für Deutschland (2025): Bundestagswahlprogramm 2025. Berlin: AfD. Online unter: https://www.afd.de/wp-content/uploads/2025/02/AfD_Bundestagswahlprogramm2025_web.pdf (abgerufen am 13. August 2025).

26 Alternative für Deutschland (2025): Bundestagswahlprogramm 2025. Berlin: AfD. Online unter: https://www.afd.de/wp-content/uploads/2025/02/AfD_Bundestagswahlprogramm2025_web.pdf (abgerufen am 13. August 2025).

27 Ebenda.

28 Preston, Henry (2024): »European Pressurized Reactors: Nuclear Power's Latest Costly and Delayed Disappointments«. Institute for Energy Economics and Financial Analysis (IEEFA), 11. Juli 2024. Online unter: https://ieefa.org/articles/european-pressurized-reactors-nuclear-powers-latest-costly-and-delayed-disappointments (abgerufen am 13. August 2025).

29 Diermeier, Matthias / Bergmann, Knut / Zink, Benita (2025): *Implikationen für den Wirtschaftsstandort: Eine politökonomische Analyse der AfD-Forderungen.* Köln: Institut der deutschen Wirtschaft. Online unter: https://www.iwkoeln.de/studien/matthias-diermeier-knut-bergmann-benita-zink-implikationen-fuer-den-wirtschaftsstandort.html (abgerufen am 13. August 2025).

30 Die Familienunternehmer e. V. (2025): »Analyse: Die Wirtschaftspolitik der AfD«. Berlin: Die Familienunternehmer. Online unter: https://www.familienunternehmer.eu/fileadmin/familienunternehmer/publikationen/dokumente/analyse-afd.pdf (abgerufen am 13. August 2025).

31 Die Familienunternehmer e. V. (2025): »Analyse: Die Wirtschaftspolitik der AfD«. Berlin: Die Familienunternehmer. Online unter: https://www.familienunternehmer.eu/fileadmin/familienunternehmer/publikationen/dokumente/analyse-afd.pdf (abgerufen am 13. August 2025).

32 Fratzscher, Marcel (2025): »Die Wirtschaftspolitik der AfD führt in die Katastrophe«. DIW-Blog, 21. Februar 2025. Berlin: Deutsches Institut für Wirtschaftsforschung. Online unter: https://www.diw.de/de/diw_01.c.937675.de/nachrichten/die_wirtschaftspolitik_der_afd_fuehrt_in_die_katastrophe.html (abgerufen am 13. August 2025).

33 Olk, Julian / Specht, Frank (2025): »BDI-Präsident: AfD wäre katastrophal für die Wirtschaft«. Handelsblatt, 3. Februar 2025. Online unter: https://www.handelsblatt.com/politik/konjunktur/wirtschaftskrise-bdi-praesident-ueber-afd-waere-katastrophal-fuer-die-wirtschaft/100103603.html (abgerufen am 13. August 2025).

34 Bundesministerium des Innern und für Heimat (2025): Verfassungsschutzbericht 2024. Berlin: BMI. Online unter: https://www.bmi.bund.de/SharedDocs/downloads/DE/publikationen/themen/sicherheit/BMI25029-vsb2024.html (abgerufen am 13. August 2025).

35 Bundeszentrale für politische Bildung (2002): »Begriffe: Politischer Extremismus – Definition nach Hans-Gerd Jaschke«. Online unter: https://www.bpb.de/system/files/dokument_pdf/M%2002.13%20Definition%20Jaschke.pdf (abgerufen am 13. August 2025).

36 Stöss, Richard (2007): »Rechtsextremismus als politikwissenschaftlicher Begriff nach Richard Stöss« (Arbeitsmaterial M 02.02). In: Friedrich-Ebert-Stiftung (Hrsg.): Rechtsextremismus im Wandel. 2. aktualisierte Auflage. Berlin: Friedrich-Ebert-Stiftung, S. 26 ff. – Online unter: https://www.bpb.de/system/files/dokument_pdf/M%2002.02%20St%C3%B6ss.pdf (abgerufen am 14. August 2025).

37 NZZ – Neue Zürcher Zeitung (2024): »Verfassungsschutz vs. AfD«. Online unter: https://www.nzz.ch/international/verfassungsschutz-vs-afd-ld.1830163 (abgerufen am 13. August 2025).

38 Brodkorb, Michael (2002): *Gesinnungspolizei im Rechtsstaat? Der Verfassungsschutz als Erfüllungsgehilfe der Politik. Sechs Fallstudien.* Springe: zu Klampen.

39 Lewandowsky, Marcel (2024): *Was Populisten wollen. Wie sie die Gesellschaft herausfordern und wie man ihnen begegnen sollte.* Köln: Kiepenheuer & Witsch.

40 Applebaum, Anne (2025): *Autocracy. The Dictators who want to run the World.* London: Allen Lane; Levitsky, Steven / Ziblatt, Daniel (2018): How Democracies Die. New York: Crown.

41 Müller, Jan-Werner (2016): *Was ist Populismus?* Berlin: Suhrkamp.

42 Ebenda.

43 Ebenda.

44 Ebenda.

45 Ebenda.

46 Ebenda.

47 Pöttker, Horst (2016): »Pressefreiheit in Deutschland«. Aus Politik und Zeitgeschichte (APuZ), Ausgabe 30–32/2016. Online unter: https://www.bpb.de/shop/zeitschriften/apuz/231303/pressefreiheit-in-deutschland/ (abgerufen am 16. August 2025).

48 Habermas, Jürgen (1990): *Strukturwandel der Öffentlichkeit. Untersuchun-*

gen zu einer Kategorie der bürgerlichen Gesellschaft. 2., durchgesehene Auflage. Frankfurt am Main: Suhrkamp.

49 Ebenda.

50 Reporter ohne Grenzen (2025): Rangliste der Pressefreiheit 2025. Online unter: https://www.reporter-ohne-grenzen.de/rangliste/rangliste-2025 (abgerufen am 13. August 2025).

51 Downie, Leonard (2020): The Trump Administration and the Media. Special Report. Committee to Protect Journalists, April 2020. Online unter: https://cpj.org/wp-content/uploads/2020/04/cpj_usa_2020.pdf (abgerufen am 13. August 2025).

52 Obermayer, Bastian / Obermaier, Frederik (2019): *Die Ibiza-Affäre. Innenansichten eines Skandals.* Köln: Kiepenheuer & Witsch.

53 Ebenda.

54 Bader, Katarina / Walter-Zapart, Tomasz (2023): *Medienlandschaft im Umbau, Pressefreiheit im Abbau? Medien in Polen nach acht Jahren nationalpopulistischer Regierung.* Polen-Dossier, Bundeszentrale für politische Bildung, 9. Oktober 2023. Online unter: https://www.bpb.de/themen/europa/polen/541355/medienlandschaft-im-umbau-presse freiheit-im-abbau/ (abgerufen am 15. August 2025).

55 Kleinfeld, Rachel (2023): *How Does Business Fare Under Populism?* Washington, DC: Carnegie Endowment for International Peace.

56 Pohl, Benjamin (2014): »Was aus dem Mediengesetz von Viktor Orbán wurde«. Der Spiegel, 10. September 2014. Online unter: https://www.spiegel.de/politik/ausland/ungarn-was-aus-dem-mediengesetz-von-victor-orban-wurde-a-996340.html (abgerufen am 13. August 2025).

57 Hilje, Johannes (2017): *Propaganda 4.0. Wie rechte Populisten Politik machen.* Bonn: Dietz.

58 Bauder, David (2025): »Trump says AP will be curtailed at the White House until it changes style to Gulf of America«. Associated Press, 18. Februar 2025. Online unter: https://apnews.com/article/trump-ap-white-house-press-corps-pool-91535a6384d681fee1cd7e384ea6c627 (abgerufen am 16. August 2025).

59 DIE WELT (2022): »AfD Thüringen: Vorsätzlich Medienberichterstattung unterbunden«. 2022. Online unter: https://www.welt.de/politik/deutschland/article254024080/AfD-Thueringen-Vorsaetzlich-Medien berichterstattung-von-oeffentlichem-Interesse-unterbunden.html (abgerufen am 13. August 2025).

60 Deutschlandfunk (2024): »Brandenburg: AfD – Anfeindungen gegen Medien nehmen zu«. 7. Mai 2024. Online unter: https://www.deutschland funk.de/brandenburg-afd-anfeindungen-gegen-medien-nehmen-zu-100.html (abgerufen am 13. August 2025).

61 Hillje, Johannes (2017): Propaganda 4.0 – Die Erfolgsstrategie der AfD.

Blätter für deutsche und internationale Politik, Oktober 2017. Online unter: https://www.blaetter.de/ausgabe/2017/oktober/propaganda-40-die-erfolgsstrategie-der-afd (abgerufen am 14. August 2025).

62 Zitiert nach: Ebenda.

63 Zitiert nach: Thomaser, Sonja (2019): »AfD warnt vor Sturm auf die Pressehäuser«. Frankfurter Rundschau, 23. Oktober 2019. Online unter: https://www.fr.de/kultur/warnt-sturm-pressehaeuser-10964702.html (abgerufen am 14. August 2025).

64 Zitiert nach: Beutler, Sebastian (2019): »AfD-Politiker plant ›schwarze Listen‹ von Journalisten«. Sächsische Zeitung, 31. Januar 2019. Online unter: https://www.saechsische.de/lokales/afd-politiker-plant-schwarze-listen-von-journalisten-CA7HPP5MPZBZQMKP4QOMR7TQKQ.html (abgerufen am 14. August 2025).

65 Zitiert nach: Ebenda.

66 Deutscher Journalisten-Verband (2024): »Berichterstattung neu justieren«. Pressemitteilung, 10. Juni 2024. Online unter: https://www.djv.de/news/pressemitteilungen/press-detail/berichterstattung-neu-justieren (abgerufen am 13. August 2025).

67 Müller, Jan-Werner (2016): *Was ist Populismus?* Berlin: Suhrkamp.

68 Ebenda.

69 Douthat, Ross (2025): »What Project 2025 Wants«. The Atlantic, Newsletter, 15. April 2025. Online unter: https://www.theatlantic.com/newsletters/archive/2025/04/project-2025-goals-trump-presidency/682597 (abgerufen am 13. August 2025).

70 Deutschlandfunk (2025): »Project 2025 – Trumps Pläne für eine zweite Amtszeit«. 16. April 2025. Online unter: https://www.deutschlandfunk.de/trump-project-2025-100.html (abgerufen am 13. August 2025).

71 Jones, Aimee Picchi (2025): »Job cuts in March 2025 were third highest ever recorded«. CBS News, 4. April 2025. Online unter: https://www.cbsnews.com/news/layoffs-job-cuts-march-2025-third-highest-ever-recorded-doge (abgerufen am 13. August 2025).

72 Doemens, Karl (2025): »Musk kapert den US-Regierungsapparat« [Kommentar]. Der Standard, 12. August 2025. Online unter: https://www.derstandard.at/story/3000000256352/musk-kapert-den-us-regierungs apparat (abgerufen am 13. August 2025).

73 Kleinfeld, Rachel (2023): »How Does Business Fare Under Populism?«. Carnegie Endowment for International Peace, 13. Juni 2023. Online unter: https://carnegieendowment.org/research/2023/06/how-does-business-fare-under-populism?lang=en (abgerufen am 13. August 2025)

74 Müller, Jan-Werner (2016): Was ist Populismus? Berlin: Suhrkamp.

75 Beaumont, Peter (2025): »Trump allies target judges and legal system«. The Guardian, 24. März 2025. Online unter: https://www.theguardian.

com/us-news/2025/mar/24/trump-judges-impeachment-law-doge (abgerufen am 13. August 2025).
76 Scarcella, Mike (2025): »American Bar Association sues to block Trump's attacks on law firms«. Reuters, 16. Juni 2025. Online unter: https://www.reuters.com/world/us/american-bar-association-sues-block-trumps-attacks-law-firms-2025-06-16/ (abgerufen am 15. August 2025); Burns, Dasha / Lippman, Daniel (2025): »Trump's Big Law freezeout heats up on the Hill«. Politico, 28. März 2025. Online unter: https://www.politico.com/news/2025/03/28/trumps-big-law-freezeout-heats-up-on-the-hill-00258684 (abgerufen am 13. August 2025).
77 Sadurski, Wojciech (2019): Poland's Constitutional Breakdown. Oxford: Oxford University Press.
78 Bánkuti, Miklós / Halmai, Gábor / Scheppele, Kim Lane (2012): »Hungary's Illiberal Turn: Disabling the Constitution«. Journal of Democracy, 23(3). Online unter: https://www.journalofdemocracy.org/articles/hungarys-illiberal-turn-disabling-the-constitution/ (abgerufen am 13. August 2025).
79 Müller, Jan-Werner (2016): *Was ist Populismus?* Berlin: Suhrkamp.
80 Kitschelt, Herbert (2000): »Linkages between citizens and politicians in democratic polities«. Comparative Political Studies, 33(6–7), 845–879. Online unter: https://journals.sagepub.com/.doi/10.1177/001041400003300607 (abgerufen am 13. August 2025).
81 Müller, Jan-Werner (2016): *Was ist Populismus?* Berlin: Suhrkamp.
82 Opielka, Jan (2019): »Im Land des schönen Scheins«. profil (Österreich), 19. Mai 2019. Online unter: https://www.profil.at/oesterreich/schoener-schein-land-joerg-haider-10384920 (abgerufen am 13. August 2025).
83 Szabó, Krisztina / Reiff, Adam (2025): »Mobilizing Rural Support: Targeted Government Spending and Democratic Backsliding in Hungary«. Politics and Governance, 13, Article 9542. DOI:10.17645/pag.9542.
84 Müller, Jan-Werner (2016): *Was ist Populismus?* Berlin: Suhrkamp.
85 Levitsky, Steven / Ziblatt, Daniel (2018): *How Democracies Die.* New York: Crown; deutsche Ausgabe: *Wie Demokratien sterben.* München: DVA, 2018.
86 Bauder, David (2025): »Trump says AP will be curtailed at the White House until it changes style to Gulf of America«. Associated Press, 18. Februar 2025. Online unter: https://apnews.com/article/trump-ap-white-house-press-corps-pool-91535a6384d681fee1cd7e384ea6c627 (abgerufen am 16. August 2025).
87 FAZ – Frankfurter Allgemeine Zeitung (2020): »US-Botschafter Richard Grenell wird neuer Geheimdienstdirektor«. 20. Februar 2020. Online unter: https://www.faz.net/aktuell/politik/ausland/us-botschafter-richard-

grenell-wird-neuer-geheimdienstdirektor-16643053.html (abgerufen am 13. August 2025).

88 Izaguirre, Anthony / Slodysko, Brian (2020): »Embattled postal leader is Trump donor with deep GOP ties«. In: AP News, 20. August 2020. Online verfügbar unter: https://apnews.com/article/virus-outbreak-election-2020-politics-business-nc-state-wire-aed-cc34674344793961666fe82d6d257 (abgerufen am 16. August 2025).

89 Sula, Piotr / Błaszczyński, Kamil / Madej, Małgorzata (2023): »Law and Justice and its allies: Clientelistic links in Poland after 2015«. New Perspectives: Interdisciplinary Journal of Central & East European Politics and International Relations, 31 (2), S. 130–148.

90 Kleinfeld, Rachel (2023): *How Does Business Fare Under Populism?* Washington, DC: Carnegie Endowment for International Peace.

91 Associated Press (2021): »Trump family then and now«. AP News, 2021. Online unter: https://apnews.com/article/trump-family-then-now-white-house-add4a5054a88bd084392fbf92354977e (abgerufen am 13. August 2025).

92 Müller, Jan-Werner (2016): Was ist Populismus? Berlin: Suhrkamp.

93 Civil Rights Defenders (o. J.): »About Orbán«. Online unter: https://crd.org/vorban/ (abgerufen am 13. August 2025).

94 DER SPIEGEL (2017): »Kaczyński nennt Opposition ›Verräter‹«. 21. Juli 2017. Online unter: https://www.spiegel.de/politik/ausland/polen-jaroslaw-kaczynski-nennt-opposition-in-debatte-ueber-justizreform-verraeter-a-1158632.html (abgerufen am 13. August 2025).

95 Opielka, Jan (2023): Donald Tusk muss sich des PiS-Vorwurfs erwehren, ein »deutscher Agent« zu sein. Der Freitag, 13. Dezember 2023. Online unter: https://www.freitag.de/autoren/jan-opielka/polen-in-warschau-haben-die-siegreichen-parteien-der-sejm-wahl-uebernommen (abgerufen am 16. August 2025).

96 Cassidy, John (2018): »James Comey and Donald Trump Go to War«. The New Yorker, 13. April 2018. Online unter: https://www.newyorker.com/news/our-columnists/james-comey-and-donald-trump-go-to-war (abgerufen am 16. August 2025).

97 Brown, Don (2021): »Trump urges ouster of ›RINOs,‹ ›warmonger‹ Liz Cheney«. New York Post, 28. Februar 2021. Online unter: https://nypost.com/2021/02/28/trump-urges-ouster-of-rinos-warmonger-liz-cheney/ (abgerufen am 15. August 2025).

98 Reuters (2021): »Attorney General nominee Garland says politics won't influence criminal probes«. 22. Februar 2021. Online unter: https://www.reuters.com/article/world/attorney-general-nominee-garland-says-politics-wont-influence-criminal-probes-idUSKBN2AM112 (abgerufen am 13. August 2025).

99 Sabin, Thomas (2024): »Höcke vor TV-Duell: Zitate belegen die rechtsextreme Gedankenwelt des AfD-Mannes«. Focus Online, 11. April 2024. Online unter: https://www.focus.de/politik/buch-ansichten-und-aussagen-hoecke-vor-tv-duell-zitate-belegen-die-rechtsextreme-gedankenwelt-des-afd-mannes_id_259841732.html (abgerufen am 16. August 2025).

100 Frasch, Timo (2024): »AfD-Vorsitzender in Bayern muss 12 000 Euro wegen Beleidigung zahlen«. In: Frankfurter Allgemeine Zeitung, 25. Juni 2024. Online verfügbar unter: https://www.faz.net/aktuell/politik/inland/afd-vorsitzender-in-bayern-muss-12-000-euro-wegen-beleidigung-zahlen-19812981.html, abgerufen am 17. August 2025.

101 Stuttgarter Zeitung (2022): »Bayerischer AfD-Abgeordneter nennt Journalisten ›Ratten‹«. 23. Juli 2022. Online unter: https://www.stuttgarter-zeitung.de/inhalt.afd-landesparteitag-bayerischer-afd-abgeordneter-nennt-journalisten-ratten.8d172cde-0f19-48b8-867f-bc729e5f9ad8.html (abgerufen am 13. August 2025).

102 Levitsky, Steven / Ziblatt, Daniel (2018): *How Democracies Die.* New York: Crown; deutsche Ausgabe: Wie Demokratien sterben. München: DVA, 2018.

103 Ebenda.

Die Grenze des politischen Engagements von Unternehmen

1 Beschorner, Thomas / Scholz, Markus (2023): »Nachhaltigkeitskonzepte sind oft nur eine Mogelpackung«. Handelsblatt, 12. September 2023. Online unter: https://www.handelsblatt.com/meinung/gastbeitraege/gastkommentar-warum-nachhaltigkeitskonzepte-von-unternehmen-oft-eine-mogelpackung-sind/29375118.html (abgerufen am 13. August 2025);
Beschorner, Thomas / Blagoev, Blagoy (2024): »BWL und Nachhaltigkeit: Blinde Flecken in der Betriebswirtschaftslehre«. Frankfurter Allgemeine Zeitung (FAZ.NET), 17. November 2024. Online unter: https://www.faz.net/aktuell/karriere-hochschule/hoersaal/bwl-und-nachhaltigkeit-blinde-flecken-in-der-betriebswirtschaftslehre-110526240.html (abgerufen am 13. August 2025).

2 Plickert, Philip (2023): »Das Diversity-Märchen«. Frankfurter Allgemeine Zeitung (FAZ.NET), 15. Oktober 2023. Online unter: https://www.faz.net/aktuell/wirtschaft/wirtschaftswissen/das-diversity-maerchen-19741950.html (abgerufen am 13. August 2025).

3 de los Reyes, Gastón / Scholz, Markus / Smith, N. Craig (2017): »Beyond

the ›win-win‹: creating shared value requires ethical frameworks«. California Management Review, 59 (2 – Winter 2017), S. 142–167.

4 Neuhäuser, Christian (2011): *Unternehmen als moralische Akteure.* Berlin: Suhrkamp.

5 Steinmann, Horst / Löhr, Albert (1994): Grundlagen der Unternehmensethik. 2., überarb. Aufl. Stuttgart: Schäffer-Poeschel.

6 Matten, Dirk / Crane, Andrew (2005): »Corporate Citizenship: Toward an Extended Theoretical Conceptualization«. Academy of Management Review, 30(1), S. 166–179.

7 Beschorner, Thomas / Schank, Christoph (2013): »The Citizenship and Responsibility of Corporations«. In: Zsolnai, László (Hrsg.): Handbook of Business Ethics – Ethics in the New Economy, S. 85–103. Oxford: Peter Lang International Academic Publishers

8 Ulrich, Peter (2000): *Republikanischer Liberalismus und Corporate Citizenship: Von der ökonomistischen Gemeinwohlfiktion zur republikanisch-ethischen Selbstbindung wirtschaftlicher Akteure.* IWE-Bericht Nr. 88. Institut für Wirtschaftsethik, Universität St. Gallen.

9 Marshall, Thomas H. (1950): *Citizenship and Social Class and Other Essays.* Cambridge: Cambridge University Press.

10 Ulrich, Peter (2000): *Republikanischer Liberalismus und Corporate Citizenship: Von der ökonomistischen Gemeinwohlfiktion zur republikanisch-ethischen Selbstbindung wirtschaftlicher Akteure.* IWE-Bericht Nr. 88. Institut für Wirtschaftsethik, Universität St. Gallen.

11 Pongs, Armin (2004): »Demokratien ohne Demokraten« [Interview mit Ralf Dahrendorf]. Die Furche. Online unter: https://www.furche.at/feuilleton/demokratien-ohne-demokraten-1231571 (abgerufen am 14. August 2025).

12 Friedman, Milton (2002): *Capitalism and Freedom.* Chicago: University of Chicago Press [Erstausgabe 1962]. – Ders. (1970): »The Social Responsibility of Business Is to Increase Its Profits«. The New York Times Magazine, 13. September 1970 (abgerufen am 23. Oktober 2024).

13 Porter, Michael E. / Kramer, Mark R. (2011): »Creating Shared Value: How to Reinvent Capitalism—and Unleash a Wave of Innovation and Growth«. Harvard Business Review, 89(1–2), S. 62–77.

14 Vgl. dazu ausführlich: Goldschmidt, Nils / Homann, Karl (2011): »Die gesellschaftliche Verantwortung der Unternehmen. Theoretische Grundlagen für eine praxistaugliche Konzeption«. In: Position Nr. 10 des Roman Herzog Instituts (PDF). Online unter: https://ordosocialis.de/pdf/Goldschmidt/RHI_Position_10.pdf (abgerufen am 13. August 2025);
Homann, Karl / Lütge, Christoph (2013): *Einführung in die Wirtschaftsethik.* 3. Aufl. Münster: Lit.

Homann, Karl / Suchanek, Andreas (2005): *Ökonomik. Eine Einführung.* 2. Aufl. Tübingen: Mohr Siebeck;
Pies, Ingo / Hielscher, Stefan / Beckmann, Markus (2010): »Value Creation, Management Competencies, and Global Corporate Citizenship: An Ordonomic Approach to Business Ethics in the Age of Globalization«. Journal of Business Ethics, 94, S. 265–278;
Heidbrink, Ludger (2016): »Companies as Political Actors: A Positioning Between Ordo-Responsibility and Systems Responsibility«. In: Lütge, Christoph / Mukerji, Nikil (Hrsg.): Order Ethics: An Ethical Framework for the Social Market Economy. Cham: Springer.

15 Sichtermann, Sophia (2025): »Freizeitpark wird für Schild am Eingang gefeiert – ›Müssen leider draußen bleiben‹«. Frankfurter Rundschau, 7. August 2025. Online unter: https://www.fr.de/panorama/freizeitpark-wird-fuer-schild-am-eingang-gefeiert-muessen-leider-draussen-bleiben-zr-93707458.html (abgerufen am 13. August 2025).

16 Ostermann, Marie-Christine (2025): »Wir lassen uns von Höcke nicht den Mund verbieten«. Handelsblatt (Gastkommentar). Online unter: https://www.handelsblatt.com/meinung/gastbeitraege/gastkommentar-wir-lassen-uns-von-hoecke-nicht-den-mund-verbieten/100063553.html (abgerufen am 13. August 2025).

17 Matthes, Sebastian / Buchenau, Martin-Werner (2024): »Reinhold Würth sorgt sich um Deutschland: ›Wir leben bis zu einem gewissen Grad in einer Vorkriegszeit‹«. Handelsblatt, 3. Mai 2024. Online unter: https://www.handelsblatt.com/unternehmen/mittelstand/familienunternehmer/reinhold-wuerth-sorgt-sich-um-deutschland-leben-in-einer-vorkriegszeit-01/100035872.html (abgerufen am 13. August 2025).

18 Jung von Matt (2024): LinkedIn-Post zur EDEKA-Kampagne. Online unter: https://www.linkedin.com/posts/jung-von-matt_jungvonmatt-edeka-activity-7234856340253278208-ZGCZ/ (abgerufen am 13. August 2025).

19 Mitic, Katja / Gierth, Jakob (2024): »›Blau ist keine gute Wahl‹ – Marktbetreiber rebellieren gegen Edeka-Kampagne«. WELT, 30. August 2024. Online unter: https://www.welt.de/politik/deutschland/article253268036/Edeka-Blau-ist-keine-gute-Wahl-Marktbetreiber-rebellieren-gegen-Edeka-Kampagne.html (abgerufen am 15. August 2025).

20 WELT (2024): »Für alle Kunden da – Edeka-Spitze äußert sich zu Anti-AfD-Kampagne«. WELT, 26. September 2024. Online unter: https://www.welt.de/wirtschaft/article253691026/Edeka-Spitze-aeussert-sich-zu-Anti-AfD-Kampagne-Fuer-alle-Kunden-da.html (abgerufen am 13. August 2025).

21 Smith, N. Craig / Scholz, Markus (2025): *The political responsibilty of business;* angekündigter Beitrag für die Financial Times.

22 Borowski, Judith (2024): »Gastbeitrag zu den Landtagswahlen – Unternehmerin: Zu AfD-Erfolg: ›Diese Wahl schadet dem Image von Made in Germany‹«. FOCUS Online, 4. September 2024. Online unter: https://www.focus.de/politik/meinung/gastbeitrag-zu-den-landtagswahlen-unternehmerin-zu-afd-erfolg-diese-wahl-schadet-dem-image-von-made-in-germany_id_260279361.html (abgerufen am 13. August 2025).

23 Business Council for Democracy (o. J.): »BC4D – Business Council for Democracy«. Online unter: https://www.bc4d.org (abgerufen am 13. August 2025).

24 Poelchau, Simon (2024): »Unternehmen gegen Rechtsruck«. taz, 30. Mai 2024. Online unter: https://taz.de/Unternehmen-gegen-Rechtsruck/!6012540 (abgerufen am 13. August 2025).

25 Welcome Saxony (o. J.): »Wir sind Impulsgeber – Mitgründer des Bundesnetzwerkes ›Wirtschaft für ein weltoffenes Deutschland‹«. Online unter: https://www.welcomesaxony.de/wir-sind-impulsgeber-mitgruender-des-bundes-netzwerkes-wirtschaft-fuer-ein-weltoffenes-deutschland (abgerufen am 13. August 2025).

26 Bundesnetzwerk Wirtschaft für ein weltoffenes Deutschland (2025): Positionspapier an die zukünftige Bundesregierung: Wirtschaft für ein weltoffenes Deutschland, 13. Februar 2025. Online unter: https://www.welcomegermany.org/wp-content/uploads/2025/02/Positionspapier_Bundesnetzwerk.pdf (abgerufen am 13. August 2025).

27 Feldmann, Magnus., & Morgan, Glenn. (2021). *Business elites and populism: understanding business responses.* New Political Economy, 27(2), 347–359.

28 Kapteina, Benedikt Daniel Sebastian / Bruehl, Rolf (2024): »Decoding Corporate Support for Democracy: A Study in Eastern Germany«. In: Academy of Management Proceedings.

29 Nicholson, Stephen P. (2012): »Polarizing Cues«. American Journal of Political Science, 56(1), S. 52–66. https://doi.org/10.1111/j.1540-5907.2011.00541.x; Merkley, Eric (2020): »Anti-Intellectualism, Populism, and Motivated Resistance to Expert Consensus«. Public Opinion Quarterly, 84(1), S. 24–48.

30 BBC News (2021): »Parler: Amazon to Suspend Social Network's Site«. 10. Januar 2021. Online unter: https://www.bbc.com/news/world-us-canada-55597840 (abgerufen am 13. August 2025).

31 Brown, Eliot / Arbel, Tali / Pisani, Joseph (2025): »Elon Musk to Cut Back Political Spending«. The Wall Street Journal, 20. Mai 2025. Online unter: https://www.wsj.com/politics/policy/elon-musk-to-slash-political-spending-4dac0fec (abgerufen am 14. August 2025).

32 Scholz, Markus (2022): »Das riskante politische Engagement von

Unternehmen im Kriegsfall«. WirtschaftsWoche, 3. März 2022. Online unter: https://www.wiwo.de/politik/ausland/ukraine-krieg-das-riskante-politische-engagement-von-unternehmen-im-kriegsfall/28123340.html (abgerufen am 13. August 2025).

33 Rhodes, Carl / Fleming, Peter (2020): »Forget Political Corporate Social Responsibility«. Organization, 27(6), S. 943–951. https://doi.org/10.1177/1350508420928526.

34 Rhodes, Carl (2021): Woke Capitalism. How Corporate Morality is Sabotaging Democracy. Bristol: Bristol University Press.

35 International Trade Union Confederation (2025): Global Rights Index 2025: Workers‹ Rights in Free Fall – and Democracy on the Line. Brüssel: ITUC. Online unter: https://www.ituc-csi.org/global-rights-index-2025 (abgerufen am 13. August 2025).

36 Ebenda.

37 Rhodes, Carl (2021): *Woke Capitalism. How Corporate Morality is Sabotaging Democracy.* Bristol: Bristol University Press.

38 Ebenda.

39 D'Silva, Leah (2019): »What Larry Fink's 2019 Letter Means for the Future of Business«. BSR Blog, 23. Januar 2019. Online unter: https://www.bsr.org/en/blog/what-larry-fink-2019-letter-means-for-the-future-of-business (abgerufen am 13. August 2025); Rhodes, Carl / Fleming, Peter (2020): »Forget Political Corporate Social Responsibility«. Organization, 27(6), S. 943–951; Rhodes, Carl (2021): Woke Capitalism. Bristol: Bristol University Press.

40 Vgl. Rhodes, Carl / Fleming, Peter (2020): »Forget Political Corporate Social Responsibility«. Organization, 27(6), S. 943–951. vgl. zur Instrumentalisierung von PCSR: Lock, Irina / Seele, Peter (2018): »Politicized CSR: How Corporate Political Activity (mis-)uses Political CSR«. In: Journal of Public Affairs, 18(3), e1667. DOI: 10.1002/pa.1667. Online unter: https://onlinelibrary.wiley.com/doi/full/10.1002/pa.1667

41 Sonntag, Alisa (o. J.): »Wie Unternehmen die Demokratie stärken können«. Neue Narrative, Magazin. Online unter: https://www.neuenarrative.de/magazin/wie-unternehmen-die-demokratie-staerken-koennen (abgerufen am 13. August 2025).

42 Rhodes, Carl (2021): *Woke Capitalism. How Corporate Morality is Sabotaging Democracy.* Bristol: Bristol University Press.

Was Unternehmen jetzt tun sollten – eine Agenda zur Stärkung der liberalen Demokratie

1 Scholz, Markus / Taubken, Norbert / Beckman, Kai Michael (2025): »Unternehmen und ihre politische Haltung. Die erweiterte Rolle des Aufsichtsrats«. In: Zeitschrift für Aufsichtsräte in Deutschland, BOARD 2025/1, März 2025; vgl. außerdem: Beschorner, Thomas / Taubken, Norbert (2024): *Unternehmen für Demokratie: Landkarte des Handelns.* Booklet, Institut für Wirtschaftsethik, Universität St. Gallen & Scholz & Friends Reputation (PDF). Online unter: https://iwe.unisg.ch/fileadmin/user_upload/HSG_ROOT/Institut_IWE/Forschung/Publikationen/Booklet_Unternehmen-fuer-Demokratie_2024.pdf (abgerufen am 14. August 2025).

2 Business & Human Rights Resource Centre (o. J.): »Software company SAP cancels gender diversity target in response to Trump policy«. Online unter: https://www.business-humanrights.org/en/latest-news/software-company-sap-cancels-gender-diversity-target-in-response-to-trump-policy/ (abgerufen am 13. August 2025).

3 de los Reyes, Gastón Jr. / Scholz, Markus (2023): »Assessing the Legitimacy of Corporate Political Activity: Uber and the Quest for Responsible Innovation«. Journal of Business Ethics, 184(1), 51–69. DOI: 10.1007/s10551-022-05115-z. Online unter: https://link.springer.com/article/10.1007/s10551-022-05115-z (abgerufen am 13. August 2025);
de los Reyes, Gastón Jr. (2017): »Creating Shared Value Requires Ethical Frameworks«. California Management Review, 59(2). DOI: 10.1177/0008125617695286. Online unter: https://journals.sagepub.com/doi/abs/10.1177/0008125617695286 (abgerufen am 13. August 2025);
Scholz, Markus / de los Reyes, Gastón Jr. / Smith, N. Craig (2019): »The Enduring Potential of Justified Hypernorms«. Business Ethics Quarterly, 29(3), 317–342. Online unter: https://www.cambridge.org/core/journals/business-ethics-quarterly/article/enduring-potential-of-justified-hypernorms/803B53E25841F9B6E77CA939D8992EC1 (abgerufen am 13. August 2025).

4 Scherer, Andreas G. / Palazzo, Guido / Seidl, David (2013): »Managing Legitimacy in Complex and Heterogeneous Environments: Sustainable Development in a Globalized World«. Journal of Management Studies, 50(2), 259–284. DOI: 10.1111/joms.12014. Online unter: https://onlinelibrary.wiley.com/doi/10.1111/joms.12014 (abgerufen am 13. August 2025);
Scherer, Andreas G. / Palazzo, Guido (2011): »The New Political Role of Business in a Globalized World: A Review of a New Perspective on CSR and its Implications for the Firm, Governance, and Democracy«. Journal of Management Studies, 48(4), 899–931. DOI: 10.1111/j.1467-6486.2010.

00950.x. Online unter: https://onlinelibrary.wiley.com/doi/10.1111/j.1467-6486.2010.00950.x (abgerufen am 13. August 2025).

5 Diermeier, Matthias / Bergmann, Knut / Zink, Benita (2024): »Implikationen für den Wirtschaftsstandort«. IW-Studie, Institut der deutschen Wirtschaft. Online unter: https://www.iwkoeln.de/studien/matthias-diermeier-knut-bergmann-benita-zink-implikationen-fuer-den-wirtschaftsstandort.html (abgerufen am 13. August 2025).

6 Marx, Karl / Engels, Friedrich (1972 [1848]): »Manifest der Kommunistischen Partei«. In: Marx-Engels-Werke, Bd. 4, 459–564. Berlin: Dietz.

7 Decker, Oliver / Kiess, Johannes / Heller, Ayline / Brähler, Elmar (Hg.) (2024): *Vereint im Ressentiment: Autoritäre Dynamiken und rechtsextreme Einstellungen. Leipziger Autoritarismus-Studie 2024.* Berlin: Heinrich-Böll-Stiftung / Gießen: Psychosozial-Verlag. Online-Dossier: https://www.boell.de/de/2024/11/13/vereint-im-ressentiment-autoritaere-dynamiken-und-rechtsextreme-einstellungen (abgerufen am 13. August 2025).

8 Schlieben, Michael (2024): »AfD und Gewerkschaften: Wenig Rückhalt bei Arbeitnehmern«. ZEIT ONLINE, 4. April 2024. Online unter: https://www.zeit.de/politik/deutschland/2024-04/afd-gewerkschaften-arbeitnehmer-betriebsrat (abgerufen am 13. August 2025).

9 Scholz, Markus u. a. (2025): »Unternehmen und ihre politische Haltung. Die erweiterte Rolle des Aufsichtsrats«. In: Zeitschrift für Aufsichtsräte in Deutschland, BOARD 2025/1, März 2025.

Ausblick

1 Winkler, Heinrich August (2025): »Trump-Selenskyj-Eklat: Europa muss neues Verteidigungsbündnis bilden«. Frankfurter Allgemeine Zeitung, 7. März 2025. Online unter: https://www.faz.net/aktuell/feuilleton/debatten/trump-selenskyj-eklat-europa-muss-neues-verteidigungsbuendnis-bilden-110332693.html (abgerufen am 13. August 2025).

2 Snyder, Timothy (2024): »What Does It Mean That Donald Trump Is a Fascist?« The New Yorker, 8. November 2024. Online unter: https://www.newyorker.com/magazine/dispatches/what-does-it-mean-that-donald-trump-is-a-fascist (abgerufen am 16. August 2025).

3 Haberman, Maggie; Thrush, Glenn (2024): »John Kelly's Assessment of Trump's Fitness and Character«. The New York Times, 22. Oktober 2024. Online unter: https://www.nytimes.com/2024/10/22/us/politics/john-kelly-trump-fitness-character.html (abgerufen am 13. August 2025).

4 Stanley, Jason (2018): *How Fascism Works. The Politics of Us and Them.* New York: Random House.

5 Woodruff, Judy (2025): »Professor explains why he's leaving Yale for Toronto as colleges react to Trump's threats«. PBS NewsHour, 15. Februar 2025. Online unter: https://www.pbs.org/newshour/show/professor-explains-why-hes-leaving-yale-for-toronto-as-colleges-react-to-trumps-threats (abgerufen am 13. August 2025).

6 Hirschman, Albert O. (1970): *Exit, Voice and Loyalty. Responses to Decline in Firms, Organizations and States.* Cambridge: Harvard University Press.

7 Gray, John (1986): *Liberalism.* Milton Keynes: Open University Press.